はじめに

〜共通テスト対策を始めるきみへ〜

2021年にスタートした**大学入学共通テストの英語リーディング・リスニングは，誰も予想できなかったほど大きなパワーとインパクトを備えた画期的な試験**でした。共通テスト（共テ）開始とともに，**国公私立を問わず，それまで長年続いてきた大学入試（の英語問題）がアッという間にその姿を大きく変えてしまった**のです。かつて，難関と呼ばれる大学の入試問題では「英語そのものが理解の対象」であり，「隅から隅までていねいにていねいに，細かく細かく」内容を理解することが求められました。ところが，共通テストの開始以来，英語の位置づけは「理解の対象」から単なる「情報伝達手段」へと変化しました。具体的には，試験問題は英語で与えられた資料の中から「必要な情報をいかに素早く拾い出せるか」というチカラ，つまりは情報処理能力をより重視するものになったのです。**試験で重視されるチカラの種類が変わった以上，試験対策のあり方もまた変化しなければならない**のは当然です。そしてそのことを最大の理由として，本書が誕生することになりました。

本書は，共通テストの対策を始めようとする受験生のきみに，**「共テはこう作られている。だから，ここを十分意識して，こうやって作業を進めればムダなく正解が得られる」**という，最も重要なポイントをカンペキに理解してもらい，さらには自分の英語力，解答作業力の何が十分で何が足りないのかを正しく把握してもらえるように構成されています。模擬試験問題などを利用して解答演習をする手前の段階で，「対策の第一歩」として手に取ってもらうことで，問題を眺める目と考えるアタマが，共通テストの意図と形式に自然に最適化され，一つひとつの設問の意図が明確に意識できるようになります。**本書を読み終えた後，共通テストについて「あとは問題をたくさん解く練習だけだ」と思える自分を発見できるでしょう。**まずは本書によって共通テストのすべてを理解して，得点力向上，「ハイスコア獲得」に大きく近づいてほしいと願っています。

本書の執筆にあたり，株式会社Z会ソリューションズの小黒迪明さん，竹村武司さんには大変大きなお力添えをいただきました。また，英語講師としての私をここまで育ててくれたのはこれまで出会ってきたすべての生徒のみなさんです。数々の出会いを神に感謝すると同時に，この場をお借りして改めて厚くお礼申し上げます。

水野　卓

目次

第3章　ハイスコア模試解説

　　※問題は別冊に掲載しております。

本書の構成と利用法

　共通テストは，毎年，出題のあとに作問者や評価者が問題の難易度や内容が適切だったかどうか詳細に点検し，次年度以降に改善されます。このために出題の傾向が毎年のように変わります。塾や予備校など教育関係者が入試分析速報で「第●問のここが変わった」と強調する部分です。

　しかしながら，共通テストの「出題の方針」自体はほぼ変わりません。課程が変わっても「出題の方針」の骨子は踏襲されます。つまり，形式上の傾向（設問形式や問題数などの見た目）が変わっても，押さえるべき解法ポイントは本質的に同じなのだと言えます。本書では，今後，出題の傾向が変わったとしても対応できるように，普遍的な「例題」「類題」「解法」を掲載しています。

　では，以下に本書の構成と利用法を説明します。

構成

セクションの概要

　大学入学共通テスト「英語リスニング」に出る複数の大問をまとめた Section ごとに，**出題の傾向と対策の要点**を解説しています。

ハイスコア獲得の演習法

　本書の要点を押さえた上で，**どのように演習を積み重ねればよいか**ということを解説しています。この演習法に沿って対策を進めてください。

ハイスコアの核心

　Before 〜：各「演習」で**正解を導くための確実かつ効率的なプロセス**を示しています。このあとに続く「例題」「類題」を演習しながらプロセスを確認してください。

例題（過去問）

　共通テストの過去問から（試行調査，本試験，追試験，新課程の試作問題すべてを確認して）厳選しました。本書の要点を身につける上で必答の過去問ばかりです。

　※以下は「例題」「類題」共通です。

　🔊：専用 web ページで音声を聞くことができます。

右記の 2 次元コード，または下記 URL よりアクセスしてください。

https://www.zkai.co.jp/books/highscore-listening-re/

 錠前のマーク：「例題」や「類題」の中でも，特に「**差がつきやすい**」小問であることを示します。志望大合格に必須の"ハイスコア"を狙うべく，「ハイスコアの核心」のプロセスを実践してください。

One Point アドバイス：この問題を厳選した意図，あるいは「ハイスコア獲得の演習法」で解説した要点を具体的に説明しています。演習時に確認してください。

解答・解説：正解の選択肢に絞り込んでいく過程を解説しています。「ハイスコアの核心」のプロセスを実際に適用していく過程を明示しています。プロセスに沿った解答ができたかどうか振り返ってください。

類題（オリジナル問題）

「例題」で実践した「ハイスコアの核心」を体得できるように，「類題」を用意しました。「例題」の演習ではうまくいかなかった点，あるいは，うまくいった点を「類題」で再確認することで，「ハイスコアの核心」を体得できます。

ハイスコア模試 ※問題は別冊に掲載

共通テストを想定した問題にしています。対話・議論・講義など多様な形式の英文を約 30 分間集中力を切らさずに聞き，正答を導くのに必要な情報を取捨選択することを意識して取り組んでください。

エピローグ

ハイスコア獲得をより確実にすべく，**本書の学習を終えた後，何をすべきか**を助言しています。引き続き「ハイスコアの核心」に沿った演習で，実力を磨いてもらえれば幸いです。

利用法

第 1 章：大学入学共通テスト英語の特徴と対策を確認する。

第 2 章：Section 1 〜 3 それぞれの
　　① 「概要」「ハイスコア獲得の演習法」「ハイスコアの核心」を確認する。
　　② 「例題」「類題」を解き，答え合わせをする。不正解となった設問・
　　　選択肢については「解説」を熟読する。自信がある場合は，**錠前のマー**
　　　クの設問に集中して演習する。

第 3 章：「ハイスコア模試」を解く。この際，第 1 章で示した各 Section の「耳
　　のつけどころ」を意識する。不正解となった設問・選択肢については「解
　　説」を熟読する。

例題の出典（大学入学共通テスト）

章・Section	演習番号	出典
第 2 章 Section 1	演習①	平成 30 年度（2018 年度）試行調査第 2 回 第 1 問 A
第 2 章 Section 1	演習②	令和 3 年度（2021 年度） 1 月 16 日・17 日 第 1 問 B 問 6，7 令和 3 年度（2021 年度） 1 月 30 日・31 日 第 1 問 B 問 6
第 2 章 Section 1	演習③	令和 4 年度（2022 年度）本試験 第 2 問
第 2 章 Section 1	演習④	令和 4 年度（2022 年度）追・再試験 第 3 問
第 2 章 Section 2	演習①	令和 4 年度（2022 年度）追・再試験 第 4 問 A 問 18~21
第 2 章 Section 2	演習②	令和 4 年度（2022 年度）追・再試験 第 4 問 A 問 22~25
第 2 章 Section 2	演習③	平成 30 年度（2018 年度）試行調査 第 4 問 B
第 2 章 Section 2	演習④	平成 30 年度（2018 年度）試行調査 第 5 問
第 2 章 Section 3	演習①	平成 30 年度（2018 年度）試行調査 第 6 問 A
第 2 章 Section 3	演習②	平成 30 年度（2018 年度）試行調査 第 6 問 B

※出題の都合上，設問番号，解答番号を変更しています。

第1章 特別講義『リスニング解体新書』

音声は専用 web ページで聞くことができます。
右記の 2 次元コード，または下記 URL よりアクセスしてください。

https://www.zkai.co.jp/books/highscore-listening-re/

1 特別講義 『リスニング解体新書』
~共通テスト英語リスニングの「最高の対策」~

　共通テスト（以下「共テ」）のリスニングに挑む受験生のゴールは「最初から最後まで一語一句漏らさずに聞き取って理解する」ことではありません。各問題に合わせて「必要な情報を拾い切る」ことです。そのためには各問題の「耳のつけどころ」を知ることが不可欠。リスニング対策を始めるにあたって，この章で各問題の「耳のつけどころ」を完璧に把握しましょう。じゃ，さっそく始めよう！

■問題の構成

> 「リーディングと構成は同じ」～全体は 3 セクションの構成～

　初めに対策の基本の基本のそのまたキホンである，問題の全体構成から話を始めます。「さっそく第 1 問から…」などと焦らず，まずは自分が立ち向かおうとしている試験問題が何を狙っているのか，戦う相手の本質をしっかり理解してください。

　共テのリスニングは「難易度をひと言で表すのが困難なテスト」と言えるでしょう。それは「初めのうちは余裕だけど，あとの方になるとついて行けなくて…」という受験生の声が非常に多いことからもわかります。

　なぜ問題によってこれほど難易度が違う印象になるのか？ それは**問題によって求められる『リスニング力』の種類が異なる**からです。『リスニング力』というと，どうしても「流れる英文を頭の中でテロップにして流す」というイメージが浮かび，多くの受験生はすべての問題でそれを実行しようとしてしまいます。これは多くの問題においてムリです。不可能です。絶対。

　ではどうすればいいのか？ 答えは，各問題が**「どんな種類の『リスニング力』を測ろうとしているのか」**を正しく理解した上で，**「テロップを流すのが目的じゃない。この問題で意識すべきはこれだ！」**を十二分に意識しながら，**パターン・プラクティスを充実させること**。これに尽きます。スポーツで大一番の試合に臨もうとする際に，対戦相手一人ひとりを徹底的に分析した上で，

一人ひとりに異なる対策を施すのと同じこと。正しい対策には大きな得点力アップが必ずついてきます。

　では，そのリスニング問題の全体像をものすごく大雑把に眺めてみます。ついでにリーディングの全体像も，これまたものすごく大雑把に並べておきます。そうすると，ちょっとビックリすることが…。次の図を眺めてみましょう。

ハイスコアへの道①

問題構成を把握！　～リスニング問題は 3 セクション～

Section 1　第 1～3 問　…小問集合
英語の情報構造の基本を問う問題

Section 2　第 4・5 問　…総合情報処理問題①
順序整理と複数条件照合を問う問題
第 4 問：日常生活文
第 5 問：講義文

Section 3　第 6 問 A・B　…総合情報処理問題②
A・B とも：討論文
議論の全体像と主張の細部を問う問題

□ちなみにリーディングは…

（詳しくは『ハイスコア！共通テスト攻略　英語リーディング』を読みましょう。）

Section 1　第1～3問　…小問集合

⬇

　　　　　　　　　…さまざまな読解資料を通じて英語の基本的理解を問う
　　　　　　　　　　問題

Section 2　第4・5問　…総合問題①

⬇

　　　　　　　第4問：日常生活文　…照合問題中心の問題
　　　　　　　第5問：物語文　　　…順序整理問題中心の問題

Section 3　第6問A・B　…総合問題②

　　　　　　　A・Bとも：評論文

　　　　　　　　　…1問がグラフ選択等，本文の全体像を問う設問が中
　　　　　　　　　　心の構成。もう1問は内容一致問題をベースに細部
　　　　　　　　　　の内容に関する設問が中心の構成。

　リスニングの問題構成がリーディングと見事にシンクロしていることがわかるでしょう。この全体像がしっかり見えていれば，対策のキモも見えてきます（でも，こういうところは受験生の目には見えない。だからこそ本書『ハイスコア！』が貴重なのだ。ありがたいね）。

　それでは，ここから本題に入っていきましょう。セクションごとの「耳のつけどころ」，そのすべてを公開します。

■ Section 1　第1～3問　…小問集合

文・対話の「どこに耳をつける？」
情報の流れには基本的約束がある。

　Section 1は第1～3問の小問集合，「小さな英語」を正しく理解しているかを問う問題が並びます。リズムよく作業を進めて，最高のスタートを決めましょう。このセクションは「英語の文・対話の中で重要情報がどんなリズムで現れるかを理解できているか」を確認するパート，つまり，正真正銘の英文聞き取り問題です。だから，全体を通じて「設問の『耳のつけどころ』はどこにあるのか」を正しく理解し，常に意識して対策することが重要になります。

　ところで，そもそもこんなに短い文や対話のどこに重要情報が来るかはどうやって決まるのでしょうか？ 実はコレ，英語のリズムを理解する上で基本の基本のそのまたキホンなのです。

　中学校1年生の教科書を思い出してみてください。まだ将来自分が英語でつまずくなんて想像だにしなかった，「古き良き」時代である中1。「あの頃読んでいた英文を，テキトーでいいからいくつかアタマに浮かべてみましょう」と言われて浮かぶのは，

　　　① This is a book.
　　　② He is a carpenter.
　　　③ We study English every day.
　　　④ Some of my friends come to school by bicycle.

あたりでしょう。これで十分。

　まず，①と②に注目してほしいんだけど，両方とも，'**代名詞 is a ＋名詞**'の構造になっていることがわかります。代名詞っていうのは 'the ＋名詞' と同じで「すでに正体が明らかなもの」に使う言葉です。つまり，情報としては「古い」。それに対して 'a ＋名詞' は「初めて出てくるもの」に使う言葉だから「新しい」。英語の流れはこの**「古い事柄（＝旧情報）→新しい事柄（＝新情報）」**のリズムが基本の基本のそのまたキホンになっています。そして，旧情報というのは情報として「価値が低い」，新情報は「価値が高い」情報であることから，新旧は別にして文は**「前半にあまり重要でないことが，後半に重要なことが現れる」**という流れを持っているのです。

　では，先ほどの4つの文に戻りましょう。「ここがこの文でいちばんイイタイコト」がそれぞれどこかはわかりますね？

　① This is a book.　　　　　　　…「ノートじゃなくて，本だよ」
　② He is a carpenter.　　　　　 …「漁師じゃなくて，大工さんだよ」
　③ We study English every day.　…「週1回じゃなくて，毎日だよ」
　④ Some of my friends come to school by bicycle.
　　　　　　　　　　　　　　　 …「バスじゃなくて，自転車だよ」

というわけで，重要情報が文後半に配置されていることが確認できます。

　話を共テに戻しましょう。リスニングの小問集合セクションでは，いま説明した英語の基本的な情報構造を設問化しています。つまり，**「文の前半より後**

半！」を設問にアレンジしているということ。そして，それが**短文と対話で4パターン**ある。イメージしやすいようにまとめてみましょう。

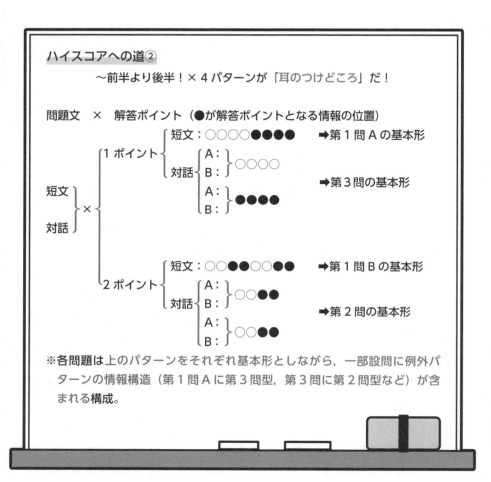

対策のポイントは各問題について基本パターンを徹底的に習得することに尽きます。わたしが担当している共テ対策の授業では，生徒に一度解いた問題を片っ端から集めさせて，まずはスクリプトを読んで基本パターンの問題を選び出させます。それらの問題「だけ」を何度も何度も聞いて答えるシミュレーションを繰り返すことで，「**耳のつけどころ**」を的確に捉える作業リズムがマスターできるんだ。

　ただし，「第2問なのに第3問の形じゃん」「第3問なのに第2問の流れだぞ」などの例外パターンは必ず出題されます。また，否定文などは not が聞き取れなかったら意味がまるで逆になってしまう。あたりまえだけど not は前半に現れるわけで，これまた基本形から逸脱することになりますが，心配りはません。**基本パターンの聞き取りリズムが安定している受験生ほど例外的な流れのカタチへの対処力も確実に高くなること**は，ものすごい数の生徒を指導する中で実証済みです。安心して基本パターンに集中したトレーニングをしてください。ハイスコアが必須な受験生にとって，この**小問集合は1問も間違えてはいけないセクション**です。正しい耳の傾け方をしっかりマスターしましょう。

■ Section 2　第4・5問　…総合情報処理問題①

「何を待ち伏せる？」の把握がカギ。
すべてのカギは問題用紙にあり。

　「長文の聞き取り」らしくなってくる Section 2 は第4問と第5問で，どちらも情報処理問題になります。このセクションは文字通り，アタマの中での情報処理能力の素早さが試されることから，3セクション中，最も苦手とする受験生の多い，つまり，ハイスコア獲得に向けた最大のハードルになっています。

　怒濤のように次から次へと襲いかかってくる英文から，解答に必要な小さな情報を余すところなくキャッチできるかがポイントになります。でも，実はこのセクション，情報処理問題ゆえに「**耳のつけどころ**」は明らかなのです。カギは問題用紙。問題用紙に書かれたことから事前に「自分は何を待ち，捕まえればいいのか？」を素早くかつ的確に把握できるかがすべて！ と言っていいでしょう。

　具体的な対策の前に，まずは「何を待ち，何を捕まえればいいのか」を正しく理解してください。その上で次章以降の対策を通じて，このセクションを制し，ハイスコア獲得に一気に王手をかけましょう。Section 2 のポイントをまとめます。

　　ハイスコアへの道③　～「これを待ち伏せる！」のイメトレを繰り返せ！

第４問　日常生活文・情報処理問題

		本文	×	設問の種類	＝	コレを待ち伏せる！
A	問1	1段落		順序・情報整理問題		（評論）選択肢の名詞＋数・差を表す言葉
						（物語）イラストの描写＆時を表す言葉
	問2	1段落		照合問題（2条件）		主条件＋副条件（ともに予測）…難！
B		1段落×4		照合問題（3条件）		3つの指定条件

第５問　講義文・情報処理問題

		本文	×	設問の種類	＝	コレを待ち伏せる！	現れるのは…
3～5段落	前半			内容一致問題		選択肢	冒頭（第1段落）
				照合問題		選択肢	中盤（第2段落）…難！
	後半			要旨指摘問題		特になし	最終盤
				要旨拡大推論問題		特になし	

照合問題解決後，すぐに切り替えてそこから先を「注意して」聞けば OK。

※ここに示した設問番号は，各設問を区別するために便宜的に付けたもの
で，実際の試験の設問番号とは異なります（以降の解説も同様）。

　このセクションの問題を難易度順に並べてみると，

　　　　易　第４問A問1＜第４問B＜第４問A問2＜第５問　　難

になります。受験生の圧倒的多数が「これ苦手！」というのが第５問のワーク
シートを埋める問題。特に問2の空欄補充がなかなか一筋縄ではいかない問題
だという共通認識があるようです。確かにその通りなんだけど，し・か・し，
その前の第４問Aの問2，2つの条件を照合させる問題も，実は同じくらいデ
キが悪い問題です。

そこで，ここではこの2つ，第4問A問2と第5問の空欄補充問題について「耳のつけどころ」と対策を簡単にまとめておきます。次章での問題演習をする際に振り返って利用してください。

■第4問A問2
□耳のつけどころ

ほとんどの問題には分類のための条件が2つ（**主条件**と**副条件**）あります。2つの条件は問題用紙の図表を見て予測します。過去問を例にとると…

Titles	Release date	Discount
Gilbert's Year to Remember	1985	
★ Two Dogs and a Boy	1997	22
Don't Forget Me in the Meantime	2003	23
★ A Monkey in My Garden	2007	24
A Journey to Another World	2016	
A Moment Frozen in a Memory	2019	25

※令和3年度（2021年度）第1日程　第4問より

これを見れば「ディスカウント率は Release date を軸に決まるんだろうなぁ」がわかり，これが主条件。加えて，いかにもアヤシイ★マーク。意味のない模様がついているわけがなく，当然これも何らかの条件として加わってくることが予測できます。つまり，

　　　　主条件 ➡ Release date に関する内容

　　　　副条件 ➡ ★の持つ意味についての内容

の2つが「耳のつけどころ」になります。

□対策

この，問題用紙の表を見て「これが主条件，これが副条件」をしっかり確認

したあと，実際に音声を聞いて「ここで主条件，登場！ …これが副条件
だ！」と心の中でいちいち，ちゃんと唱えます。そして，それを繰り返す。

　日常の訓練としては，**1つの問題を最低5回は聞きましょう。**聞くだけで
なく，心の中で唱える作業を5回繰り返してください。いくつかの問題につい
て（すべて解いたことのあるものでOK）これをやると，新しい問題を聞いた
時にアタマがすぐに反応し，非常にクリアに2つの条件が聞き取れるように
なります。聞こえ方に非常にメリハリが感じられるようになるのです。これ
が，この問題の要求する情報処理にアタマが最適化された証拠であり，一度こ
こまで来れば，もう間違いを恐れる必要はなくなります。

■第5問　空欄補充問題

□耳のつけどころ
　問2の選択肢を目に焼きつける。

□対策
　対策はカンタンです。「ここだけ聞いて，これだけを解く」練習をします。
次のルーティーンで練習すればバッチリです。

第5問の過去問（or 練習問題）を3題用意

① 1題目の問1を読んで解答情報が出てくるまで英文を聞く
→ 一時停止 → 解答
② 2題目について①を行う
③ 3題目について①を行う
④ 1題目の問2の選択肢を確認，英文再スタート → 解答 → 一時停止
⑤ 2題目について④を行う
⑥ 3題目について④を行う
⑦ ④～⑥をもう一度
⑧ ④～⑥をもう一度
⑨ 3題すべてについて残りを聞いて問3，4に解答する

　第5問は問2の空欄補充（図表完成）以外の設問は難易度が低く，解答も捉えやすいことは模擬試験等で受験生の正答率を見ると明らかです。しかし，この空欄補充問題のせいで，多くの受験生が問題全体の難易度が高いように錯覚し，**苦手意識を持ってしまっているのです。この苦手意識を克服するには，上の④〜⑧に示した，空欄補充に徹底的に集中する練習が効果絶大です。**最低3題を一気に，早速，試してみましょう。

　さあ，いよいよフィニッシュが見えてきました。あとは討論問題（第6問）の2問を残すのみです。「有終の美」を飾るために，「耳のつけどころ」をしっかり理解していきましょう。

■ Section 3　第6問A・B　…総合情報処理問題②

**聞くのは「主張」だけでOKなのか，
それとも「根拠」まで必要なのか？**

　Section 3は第6問で討論を聞き取る問題です。同じ情報処理問題でも第4問や第5問とは雰囲気がずいぶん違います。討論だから当たり前なんだけど，1つのテーマに対して複数人が意見をぶつけ合う。当然，そこには**各人の「主張」とそれを支える「根拠」が現れる**ことになります。つまり，その2つが「**耳のつけどころ**」だということ。わかりやすいよね。

　おまけに，問題用紙から大方の話題は把握できても一寸先は闇，話がどう展開するのか予想がつかない第4問と第5問に対して，第6問はかなり「余裕を持って」聞き取ることができます。正直なところ，難関大志望生に限ってみれば第6問はきわめてデキがよく，めったに間違えません。余裕を持って情報を「待ち伏せ」できるから落ち着いて作業できるわけです。ここはノーミスで乗り切って，「有終の美」を飾ってください。

ハイスコアへの道④

~「『主張』ときどき『イメージ』,ところにより『根拠』が必要になるでしょう」

英文
A 2人による討論 ➡

◆耳のつけどころ◆

2人の「主張（or イメージ）」だけ

B 4人による討論 { 問1 ➡ 4人の「主張（or イメージ）」だけ
問2 ➡ 1人の「主張と根拠」の両方

B は問2の問題文からあらかじめ「誰の主張の根拠が必要なのか」を事前に把握できる。あとはすべて「主張」だけなので,各人の発言全体の「プラスイメージ／マイナスイメージ」だけ聞き取れば問題ない。

　主張がカンペキに理解できれば言うことなし。そこまで行けなくても発言のイメージさえ正しくつかめれば大体はなんとかなる,というのが今までたくさんの生徒を見てきての印象かな。そんなに多くはないと思うけど,討論の聞き取りが苦手という人は,A の問題を集めて以下の練習をやってみるといい。聞き取りのピントが合うようになります。

第6問 A の過去問（or 練習問題）を3題用意

① 2題のうち,男性の設問だけ選択肢を熟読
② 英文再生,男性の発言だけを追う　➡女性の発言は無視！
③ すべての発言に共通する「イメージ」を自分なりに「ひと言」で表してみる　→ 解答 → 正解確認
④ 女性の問題だけ選択し熟読。もう1度英文再生,女性の発言だけを追う。
　　　　　　　　　　　　　　　　　　　　　　➡男性の発言は無視！
⑤ 女性の発言について③と同じ作業を行う
⑥ 再度再生,2人同時に発言イメージを追う
⑦ 2題目の問題について①〜⑥を行う

⑧ 3 題目の問題について①〜⑥を行う

　Ａを利用して**発言イメージの抽出の仕方を覚える**。イメージの抽出に慣れたら，次に第6問Bを使って今度は**4人の発言イメージを1人ずつ同様にチェックする**作業をやってみましょう。これを何度か繰り返すことで，ほぼほぼ「発言」の聞き取りに問題はなくなるはず。

　そして，仕上げにBの問2，**4人のうち特定の1人の発言だけ「根拠」まで深く追う**わけだけど，これはね，心配ない。なぜなら上のやり方でトレーニングしていれば「4人の中の1人を追う耳」は自然にでき上がっているから。これまで多くの受験生がこのトレーニングをやって「先生のおかげで，1人ずつはっきりアタマを切り替えて聞き取ることができるようになりました」「先生のおかげで，聞き取りにメリハリがすごくはっきりつくようになった」などと感想を言ってくれています。もちろん，このような受験生は選択肢を間違えることもほとんどなくなっている。さっき言ったように，このセクションは難関大を本気で狙っている受験生はほとんど間違えないからね。自分だけ間違えるようだとかなり痛い。不安のある人は，しっかりトレーニングに励んでください。

　最後に1つ。リーディングでも同じなんだけど，共テのキホンが情報処理問題であるだけに，**ハイスコアを手にするためにはまず形式の完全な理解，そして次に適切なトレーニングスキームが不可欠**になる。リスニングはリーディング以上にそう。なんせ聞き直しができないんだから。だからこそ，**漠然とした印象ではなく，自分の得点力が不安定なセクションを明らかにして適切な対処をすることがリーディング以上に重要**になります。カンペキなウイークポイント分析，そして，カンペキなイメトレを実践してください。

　受験デビュー戦1日目，その最後を飾るリスニング。目標に向けて最高のスタートを切ってください。

　全体の話はここまで。これで敵の姿はカンペキに把握できたわけだから，あとは個別の問題対策あるのみ。次章へと歩を進めていきましょう。

　ハイスコアへ，ようこそ。

第2章 実践！ハイスコア・トレーニング

音声は専用 web ページで聞くことができます。
右記の 2 次元コード，または下記 URL よりアクセスしてください。

https://www.zkai.co.jp/books/highscore-listening-re/

2 実践！ハイスコア・トレーニング

▶ **Section 1** | 第1〜3問　小問集合

■セクションの概要

　リスニング問題のスタートは小問集合であり，短い英文や対話を聞いて1つの設問に正しく答えることができるかを問う問題が並びます。読み上げられる英文と対話の形式は毎年ほぼ一定のため，設問の視点がどこにあるのかを正しく理解し，リズムのよい安定した聞き取り作業を身につけることが求められます。

□読み上げられる英語

　1文または2文の短文および2〜4往復の対話。問題により2回または1回流される。

□設問

　すべて1問単位。文または対話の「中心情報」を問うものがほとんど。

□注意点

　音声が2回流される問題については1回目で中心情報を意識し，2回目で全体の流れを再度確認するという要領で聞く。1回しか音声が流れない問題はその2つのプロセスを一度で処理することになるが，あくまで中心情報を把握することを意識して臨む。ハイスコア獲得を目指す受験生は満点を狙って対策を進めること。難易度は決して高くない。

■ハイスコア獲得の演習法

　短文と対話の両方について，まずは情報構造の基本（＝レギュラーパターン）を正しく理解することに集中したい。それによって「英語を聞く基本姿勢」が整ってくる。そうすると，いわゆるイレギュラーな形にも耳がしっかりついて行けるようになる。つまり，レギュラーパターンの問題を数多く聞き，そして「反復あるのみ！」である。この後，設問タイプ別に詳しく見ていこう。

■ハイスコアの核心

Before　「眼」のプロセス：選択肢の「細部」を確認

　この問題の注目点は**選択肢の「動詞以降」**。読んですべてを頭に入れるのではなく，事前に**選択肢の間の「違い」に着目し「何を判断する必要があるのか」を理解しておく**のが重要だ。確認したら，4つの選択肢をいっぺんに眺められる状態にして放送を待つ。

While　「耳」のプロセス：「全文」をキャッチ

　短い1文あるいは2文で何かを伝えようとする時には，その中心情報（図式の，○○●●のうち●●。以下同じ）の最も基本的な現れ方は

　　　　1文：○○○○●●●●．　➡文後半
　　　　2文：○○○○．●●●●．　➡2文目

になるのが原則＝レギュラーパターンである。これを意識したい。ただ，読み上げられる英文はどれも短く，使用される表現のレベルも高くないため，特定のキーワードに注目するのではなく，**「全文」を聞き取る**ことを意識すればよい。

After　「頭」のプロセス：選択肢を照合

　レベルが「易」であるため，解答作業は **While** で実質的に終了する。迷いが残った場合は聞き取った全文をあらためてしっかり日本語に訳し，眺めている4つの選択肢と対照させればよい。ただし，**この形式の問題は，読み上げ終了とともに即正解を選べるリスニング力が絶対に必要である。**

2

Section 1
第1〜3問

第 1 問 A は問 1 から問 4 までの 4 問です。それぞれの問いについて，聞こえてくる英文の内容に最も近い意味のものを，四つの選択肢(①～④)のうちから一つずつ選びなさい。**2 回流します。**

問 1 ☐ 1

① The speaker does not want anything.
② The speaker wants both tea and cookies.
③ The speaker wants cookies.
④ The speaker wants tea.

問 2 ☐ 2

① The speaker cannot go to the party.
② The speaker does not have work tomorrow.
③ The speaker has another party to go to.
④ The speaker's birthday is tomorrow.

問 3 ☐ 3

① Junko got wet in the rain.
② Junko had an umbrella.
③ Junko ran to school in the rain.
④ Junko stayed at home.

① The speaker is an English teacher.

② The speaker must study a lot.

③ The speaker needs to study outside of Japan.

④ The speaker teaches English abroad.

One Point アドバイス

すべてレギュラーパターンの問題。短文内の情報はどのような流れになる
のが普通なのか，をしっかり耳で覚えたい。

解答

問1 **1** ④ 問2 **2** ① 問3 **3** ① 問4 **4** ②

解説

問1

Before 選択肢の「細部」を確認

　　確認すべき「細部」は，① 「何もいらない」，② 「お茶とクッキー」，③
　　「クッキー」，④ 「お茶」。把握は容易である。

While 「全文」をキャッチ

　　解答情報が現れるのは〈2文のうち2文目〉。

　　➡ ○○○○ . Some more tea would be nice.

After 選択肢を照合

　　had enough cookies はクッキーはもう十分食べた，つまりもういらないと
　　いうことである。would be nice の would は仮定法を用いた丁寧な表現で，
　　お茶が欲しいということ。話者が欲しいのはお茶だけである。正解は④。

スクリプト

I've had enough cookies, thanks.
Some more tea would be nice.

　クッキーは十分いただきました。あ
りがとうございます。お茶をもっとい
ただけるとうれしいです。

設問

問1 **1**

① The speaker does not want
anything.

② The speaker wants both tea
and cookies.

問1 **1**

① 話者は何も欲しくない。

② 話者はお茶とクッキーの両方が欲
しい。

28

③ The speaker wants cookies.
④ The speaker wants tea.

③ 話者はクッキーが欲しい。
④ 話者はお茶が欲しい。

問2

Before 選択肢の「細部」を確認

① 「パーティーに行けない」，② 「明日は仕事なし」，③ 「別のパーティーに行く」，④ 「明日が誕生日」を把握。内容が似たものがないだけに，聞き取りは容易になる。

While 「全文」をキャッチ

解答情報が現れるのは〈1文の後半部〉。

➡○○○○ , but I have a lot of work to do.

After 選択肢を照合

接続詞 but がポイント。前半では誕生日パーティーに行きたいと言っているが，「しかし」に続いて「やるべき仕事がたくさんある」と言っている。直接「行けない」とは言っていないが，伝えたい内容は「パーティーに行けない」という①である。

スクリプト

I'd love to go to your birthday party tomorrow, but I have a lot of work to do.

明日，あなたの誕生日パーティーにぜひ行きたいのですが，やるべき仕事がたくさんあるのです。

設問

問2 　2

① The speaker cannot go to the party.
② The speaker does not have work tomorrow.
③ The speaker has another party to go to.
④ The speaker's birthday is tomorrow.

問2 　2

① 話者は誕生日パーティーに行くことはできない。
② 話者は明日，仕事がない。
③ 話者は行かなければならない別のパーティーがある。
④ 話者の誕生日は明日である。

□ would love to *do*　とても…したい（would like to *do* よりも強い表現）

問3

Before　選択肢の「細部」を確認

①「雨で濡れた」，②「傘あり」，③「雨の中を学校へ走った」，④「外出せず」。

While　「全文」をキャッチ

解答情報が現れるのは〈2文のうち2文目〉。

➡️○○○○．Since Junko had no umbrella, she ran home in the rain.

After　選択肢を照合

had no umbrella（= didn't have any umbrella）とあり，ジュンコは傘を持っていなかったので，②は不正解。ran home（家へ走った）とあるので，「学校へ」という③，「家にいた」という④は不適切。雨の中を走って帰宅したのだから，雨に濡れたという①が正解である。

スクリプト

It started raining after school. Since Junko had no umbrella, she ran home in the rain.

放課後，雨が降りだした。ジュンコは傘を持っていなかったので，雨の中を走って帰宅した。

設問

問3　　3

① Junko got wet in the rain.
② Junko had an umbrella.
③ Junko ran to school in the rain.

④ Junko stayed at home.

問3　　3

① ジュンコは雨に濡れた。
② ジュンコは傘を持っていた。
③ ジュンコは雨の中，走って学校へ行った。
④ ジュンコは家にいた。

Words & Phrases

□ since　〔接〕…だから

問4

Before　選択肢の「細部」を確認

① 「先生」なのか，② 「勉強が必要」なのか，③ 「留学が必要」なのか，それとも ④ 「海外で英語教育」（＝先生）なのか。④ はなさそうに思えるが…。

While　「全文」をキャッチ

解答情報が現れるのは〈1文の後半部〉。

➡️ ○○○○ , but I will have to study hard.

After　選択肢を照合

won't（＝ will not）と want の聞き間違いに注意。want の直後に have to が続くことはあり得ない。won't have to ... で海外での勉強は必要ないだろうと言っているので ③ は矛盾する。冒頭の To become an English teacher は目的を表す不定詞だから，教師であるという ① と ④ は不適切。正解は ②。but 以下の内容と一致する。

スクリプト

To become an English teacher, I won't have to study abroad, but I will have to study hard.

英語の先生になるために，私は海外で勉強する必要はないだろうが，一生懸命勉強しなければならないだろう。

設問

問4　　4

① The speaker is an English teacher.
② The speaker must study a lot.
③ The speaker needs to study outside of Japan.
④ The speaker teaches English abroad.

問4　　4

① 話者は英語の先生である。
② 話者はたくさん勉強しなければならない。
③ 話者は日本の外で勉強する必要がある。
④ 話者は海外で英語を教えている。

問1 [1]

① The speaker can leave home right now.

② The speaker has forgotten something at home.

③ The speaker is happy to be home earlier.

④ The speaker is sick today.

問2 [2]

① The speaker visited a hospital far away.

② The speaker is looking for a pet.

③ The speaker is one of the dog trainers.

④ The speaker got lost on the way home.

問3 [3]

① Ken doesn't have to prepare a present.

② Ken has to get his friend something nice.

③ Ken mustn't tell anybody about the party.

④ Ken will go to the party alone.

問4 [4]

① The speaker hasn't completed a task yet.

② The speaker finished the report.

③ The speaker regrets missing the TV program.

④ The speaker doesn't like the TV program.

One Point アドバイス

問1〜3がレギュラーパターン，問4がイレギュラーパターンの問題。どのような場合にイレギュラーパターンが現れるのかも理解しておこう。

解答

問1 | 1 | ④　問2 | 2 | ①　問3 | 3 | ①　問4 | 4 | ①

解説

問1

Before　選択肢の「細部」を確認

動詞以降の「細部」を把握。① 「すぐ外出できる」，② 「忘れ物」，③ 「早い帰宅でうれしい」，④ 「具合が悪い」。容易である。

While　「全文」をキャッチ

解答情報が現れるのは〈2文のうち2文目〉。

➡○○○○ . I have a slight fever.

After　選択肢を照合

発言の2文目のI have a slight fever. より，話者は今日「微熱がある」。それを sick で言い換えた④が正解。

スクリプト

| Can I leave early today? I have a slight fever. | 今日は早く帰ってもいいですか。微熱があるんです。 |

設問

問1 | 1 | 　　　　　　　問1 | 1 |

① The speaker can leave home right now.

② The speaker has forgotten something at home.

③ The speaker is happy to be home earlier.

④ The speaker is sick today.

① 話者は今すぐ家を出られる。

② 話者は家に忘れ物をした。

③ 話者は早く帰宅してうれしい。

④ 話者は今日，具合が悪い。

2

Section 1

第1〜3問

Words & Phrases

□ leave 自（その場を）去る，他～を去る

□ leave home 家を出る

□ be home 在宅している

問2

Before 選択肢の「細部」を確認

　　① 「遠くの病院」，② 「ペット探し」，③ 「犬のトレーナー」，④ 「道に迷った」。場面がまるで違う4つの選択肢なので，聞き取りは容易だろう。

While 「全文」をキャッチ

　　解答情報が現れるのは〈2文のうち2文目〉

　　➡ ○○○○ . I didn't know there was one near my house.

After 選択肢を照合

　　2文目の one は animal clinic を表す。家の近くにある病院を知らずに，行くのに1時間かかる病院に行ったのだから，正解は①。

スクリプト

It took an hour to go to an animal clinic. I didn't know there was one near my house.

動物病院へ行くのに1時間かかった。家の近くに1軒あるのを私は知らなかった。

設問

問2 ┃ 2 ┃

① The speaker visited a hospital far away.

② The speaker is looking for a pet.

③ The speaker is one of the dog trainers.

④ The speaker got lost on the way home.

問2 ┃ 2 ┃

① 話者は遠くにある病院へ行った。

② 話者はペットを探している。

③ 話者は犬のトレーナーの1人だ。

④ 話者は帰宅途中で道に迷った。

Words & Phrases

☐ get lost　道に迷う

☐ on the way home　帰宅途中で

問3

Before　選択肢の「細部」を確認

①「用意の必要なし」，②「買ってあげなくてはならない」，③「話してはいけない」，④「1人で行く」。動詞の意味がすべて違うため，これも待ち伏せての聞き取りは容易だろう。

While　「全文」をキャッチ

解答情報が現れるのは〈2文のうち2文目〉。

➡○○○○ . He's going because it said "Just bring yourself."

After　選択肢を照合

発言の2文目の He's going は，近い未来を表す現在進行形で，「行くつもりだ」という意味。Just bring yourself. は「手ぶらで来てください。」という，人を招待する時の慣用表現。①が正解。

スクリプト

Ken received an invitation to his friend's birthday party. He's going because it said "Just bring yourself."	ケンは友達の誕生日パーティーへの招待状を受け取った。「手ぶらでお越しください。」と書いてあったので，彼は行くつもりだ。

設問

問3　　3

① Ken doesn't have to prepare a present.

② Ken has to get his friend something nice.

③ Ken mustn't tell anybody about the party.

④ Ken will go to the party alone.

問3　　3

① ケンはプレゼントを用意しなくてもよい。

② ケンは友達にすてきなものを買ってあげなければいけない。

③ ケンはパーティーのことを誰にも話してはいけない。

④ ケンは1人でパーティーに行くだろう。

問 4

Before　選択肢の「細部」を確認

　　① 「課題が終わっていない」，② 「レポートが終わった」，③ 「テレビ番組を見逃した」，④ 「テレビ番組が好きではない」を把握。「対立」系の情報は，待ち伏せた上での聞き取りが容易である。

While　「全文」をキャッチ

　　解答情報が現れるのは〈1 文の前半部〉というイレギュラーパターン。

　　　➡ I should have finished my science report ○○○○ .

After　選択肢を照合

　　should have finished（終わらせるべきだった）は終わらなかったことへの後悔を表す表現。正解は①。**否定文や助動詞は文前半部に現れるが，重要な意味を持ち，文の中心情報になることが多いため，イレギュラーパターンになりやすい。これを覚えておくとよい。**

スクリプト

I should have finished my science report before the TV program started.	私は，そのテレビ番組が始まる前に科学のレポートを終わらせるべきだった。

設問

問 4　　4

① The speaker hasn't completed a task yet.
② The speaker finished the report.
③ The speaker regrets missing the TV program.
④ The speaker doesn't like the TV program.

問 4　　4

① 話者はまだ，課題を終わらせていない。
② 話者はレポートを終わらせた。
③ 話者はそのテレビ番組を見逃したのを悔やんでいる。
④ 話者はそのテレビ番組が好きではない。

Words & Phrases

□ regret *doing* …したことを後悔する

POINT

Before 選択肢の「細部」を確認

While 「全文」をキャッチ

After 選択肢を照合

■ハイスコアの核心

Before 「眼」のプロセス：イラストの「対立点」or「キーワード」を確認

リスニング問題の中には，放送される英文を聞き取ることとまったく同じ程度に，この **Before** のプロセスが重要になる設問がある。イラスト選択肢を使用した問題はその典型である。イラストのパターンは以下の2つ。

①レギュラーパターン

このパターンでは **4枚のイラストに2つの対立点がある**。イラストに描かれた場所「に入ろうとしている」のか「を出ようとしている」のか，描かれた人物の表情が「笑っている」のか「怒っている」のかなど，**その対立点を事前に把握して放送を待つことが非常に重要だ**。

②イレギュラーパターン

このパターンでは「傘」と「手袋」と「マフラー」と「レインコート」のように **4枚のイラストがバラバラ**である。いずれも「もの」であることは間違いないので，**「ものの名前」（これがキーワードになる）を確認しておけばよい**。

While 「耳」のプロセス：「対立点」or「キーワード」をキャッチ

レギュラーパターンなら2点の対立点，イレギュラーパターンなら確認したキーワードを意識する。この形式の問題で読み上げられる英文の中心情報（＝解答情報）の現れ方は2種類ある。

①1文の場合

パターン1：○○○○●●●●　　➡文後半
（＝ワンポイント）

パターン2：○○●●○○●●　　➡前半の後半＋後半の後半
（＝ツーポイント）

②2文の場合

パターン1：○○○○ . ●●●●　➡2文目
（＝ワンポイント）

パターン2：○○●● . ○○●●　➡1文目の後半＋2文目の後半
（＝ツーポイント）

この問題も読み上げられる英文がそれほど高いレベルのものではないため，あまり深く考えずに **「全文」を聞き取る**ことを意識すればよい。

After　「頭」のプロセス：「対立点」or「キーワード」と選択肢を照合

この問題も，解答作業は **While** で実質的に終了。ただ，現れる情報の流れのリズムを知っておくことはリスニング力アップに大変役立つので，**「ココとココに解答情報」をつねに正確に「聞いて確認する」クセを初期の対策からつけておくこと。**

　　第1問Bは問1から問3までの3問です。英語を聞き，それぞれの内容と最もよく合っている絵を，四つの選択肢（①〜④）のうちから一つずつ選びなさい。**音声は2回流れます。**

問1　　5

①

②

③

④

問2　6

問3　7

解答

問1　| 5 |　③　問2　| 6 |　④　問3　| 7 |　①

解説

問1

Before　イラストの「対立点」を確認

聞き取るべき対立点は以下の2つ。

(1) 描いているのは「大人の女性」vs.「少女」

(2) 描かれているのは「大人の女性」vs.「少女」

While　「対立点」をキャッチ

1文のパターン2で，解答情報が現れるのは〈前半の後半＋後半の後半〉。

　➡○○ is painting ○○ of herself.

After　「対立点」と選択肢を照合

主語は The girl's mother であり（これは聞き取りの前提中の前提），is painting から③または④。of herself から③が正解。

スクリプト

The girl's mother is painting a picture of herself.	少女の母親は自分自身の絵を描いている。

問2

Before　イラストの「対立点」を確認

聞き取るべき対立点は以下の2つ。

(1) 話しているのは「料理人」vs.「ウェイター」

(2) 数は「1皿」vs.「2皿」

While 「対立点」をキャッチ

1文のパターン2で，解答情報が現れるのは〈前半の後半＋後半の後半〉。

➡◯◯ telling the waiter ◯◯ both plates ...

After 「対立点」と選択肢を照合

主語は the chef を前提に telling the waiter で②または④。both plates から④が正解。

┌─────────┐
│ スクリプト │
└─────────┘

The chef is telling the waiter to take both plates to the table. | シェフはウェイターに料理を両方ともテーブルに運ぶよう伝えている。

問3

Before イラストの「キーワード」を確認

キーワードは「ハート」「ネコ」「イルカ」「ストライプ」。

While 「キーワード」をキャッチ

2文のパターン2で，解答情報が現れるのは〈1文目の後半＋2文目の後半〉。

➡◯◯ striped T-shirts and animal T-shirts. ◯◯ buying another design.

After 「キーワード」と選択肢を照合

another が表すのは（すでに持っている）striped と animal 以外，の構図を確認。正解は①。

┌─────────┐
│ スクリプト │
└─────────┘

Nancy already has a lot of striped T-shirts and animal T-shirts. Now she's buying another design. | ナンシーはストライプのTシャツと動物のTシャツはすでにたくさん持っている。今，彼女は別のデザインのものを買っているところだ。

問1 　5

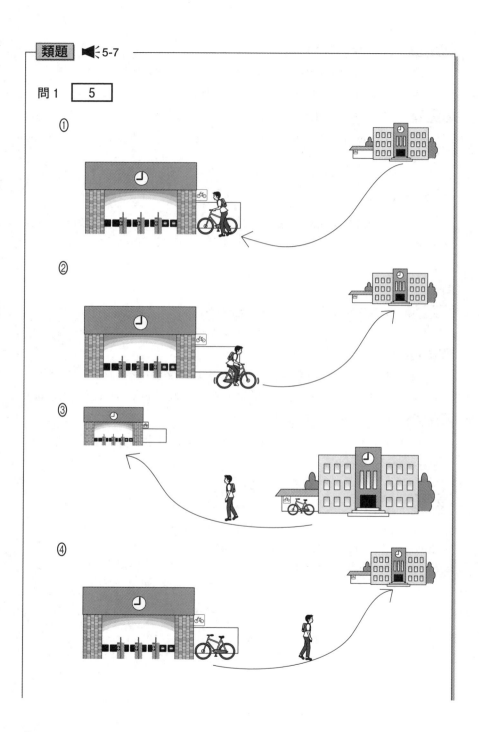

① ② ③ ④

問2 ☐6☐

① ②

③ ④

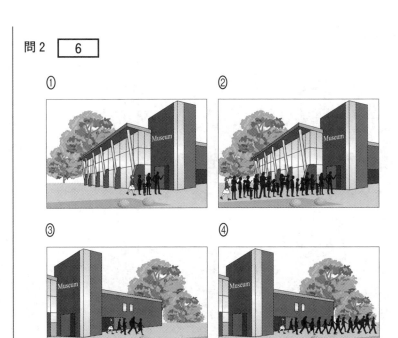

問 3 　7

①

②

③

④

One Point アドバイス

類題は3問すべてがレギュラーパターンの問題。難易度の低いものから順に並べてある。情報の流れがパターン1なのか2なのかをしっかり意識しよう。

解答

問1 ⬜5⬜ ④ 問2 ⬜6⬜ ② 問3 ⬜7⬜ ③

解説

問1

Before イラストの「対立点」を確認

聞き取るべき対立点は以下の2つ。

(1) 向かうのは「学校」vs.「駅」

(2) 手段は「自転車」vs.「徒歩」

While 「対立点」をキャッチ

1文のパターン1で,解答情報が現れるのは〈1文の後半〉。

→○○○○ walked to school.

After 「対立点」と選択肢を照合

英文の最も基本的な情報構造である「中心情報は文の後半部」に現れる,という観点で導くことができる。正解は④。

スクリプト

After parking his bike at the station, he walked to school.

駅に自転車を停めたあと,彼は学校に歩いて行った。

問2

Before イラストの「対立点」を確認

聞き取るべき対立点は以下の2つ。

(1)「これから入場」vs.「退場した後」

(2) 人の列は「長い」vs.「短い」

47

「対立点」をキャッチ

1 文のパターン 1 で，解答情報が現れるのは〈1 文の後半〉。

→○○○○ quite a few people were waiting in line.

After 「対立点」と選択肢を照合

waiting ということは，「入場前」である。また quite a few は「かなり多くの」の意味。正解は②。

スクリプト

| When the girl arrived at the museum, quite a few people were waiting in line. | その女の子が博物館に着いた時，かなり多くの人が列に並んで待っていた。 |

問 3

Before イラストの「対立点」を確認

聞き取るべき対立点は以下の 2 つ。

(1) 電車は「ホームに停止」vs.「出た後」

(2) 女の子は「乗るところ・乗ろうとした」vs.「降りるところ・降りた」

While 「対立点」をキャッチ

1 文のパターン 2 で，解答情報が現れるのは〈前半の後半＋後半の後半〉。

→○○ had just left ○○ arrived at the station.

After 「対立点」と選択肢を照合

前半の後半「ちょうど出たところ」から③または④に絞られ，後半の後半から，正解は③。

スクリプト

| The express for Kyoto had just left when she arrived at the station. | 彼女が駅に着いた時，京都方面に行く特急はちょうど発車してしまった。 |

Words & Phrases

□ for Kyoto　京都方面への

POINT

Before イラストの「対立点」or「キーワード」を確認

While 「対立点」or「キーワード」をキャッチ

After 「対立点」or「キーワード」と選択肢を照合

演習③ 第2問 短い対話×イラスト選択肢の問題

■ハイスコアの核心

Before 「眼」のプロセス：場面とイラストから Question & Answer を「予測」

この問題もイラスト選択肢を使用するため，「2点の対立点」（＝レギュラー）もしくは「バラバラ」（＝イレギュラー）の2パターンになる。**対話は2往復（男→女→男→女／女→男→女→男）で，それがそのまま2回の Question → Answer になっているのが基本形**。対話はイラストに描かれた「対立点」に関して，〈Question＝「この対立点はどっちを選ぶ？」→ Answer＝「こっち」〉のリズムで進行する。**Before** での「情報整理」と「対話内容の予測」が非常に重要だ。

While 「耳」のプロセス：Answer をキャッチ

アタマの中に対話をテロップ表示するのではなく，**1回目の放送で流れが「予測通りかどうか」を確認し，2回目で「Answer を最終チェック」**するのが聞き方のポイント。イラストを眺めながら **Answer の聞き取りを特に強く意識**し，「予測」した流れがその通りに進行しているかに耳を集中させる。対話の解答情報の現れ方は2種類ある。

①レギュラーパターン（＝2点の対立点）

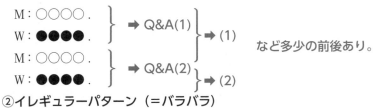

②イレギュラーパターン（＝バラバラ）

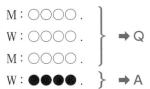

流れが「予測」通りであれば聞き取りは非常にスムーズになる。仮に外れた場合は聞き方に修正が必要になるが，音声は2回流れるため，過度に神経質になる必要はない。決して難易度の高い問題形式ではない。

　この問題は正解の最終チェックを慎重に行おう。第1問に比べて勘違い
が起きやすく，「できたと思ったのに間違えた」が多発しているからだ。
チェックポイントは当然2つ（イレギュラーパターンなら1つ）の
Answer を頭の中で再生すること。イラストを見ながら慎重にチェックす
るクセをつけ，勘違いを防止する必要がある。

2

Section 1
第1〜3問

　　第2問は問1から問4までの4問です。それぞれの問いについて，対話の場面が日本語で書かれています。対話とそれについての問いを聞き，その答えとして最も適切なものを，四つの選択肢（①〜④）のうちから一つずつ選びなさい。**音声は2回流れます。**

問1　部屋の片づけをしています。　　 8

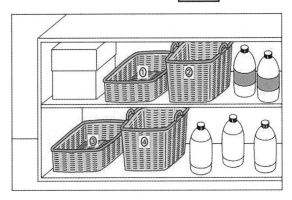

問2　店員が，客から注文を受けています。　　 9

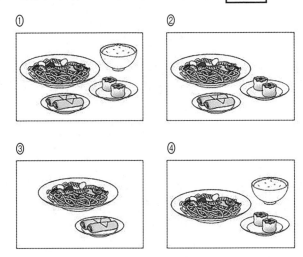

問3　息子が，母親にシャツの取り扱い表示について尋ねています。　[10]

①
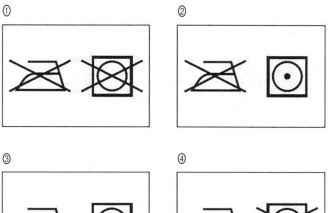

②

③
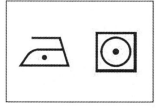

④
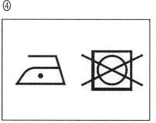

問4　映画館のシートマップを見ながら座席を決めています。　[11]

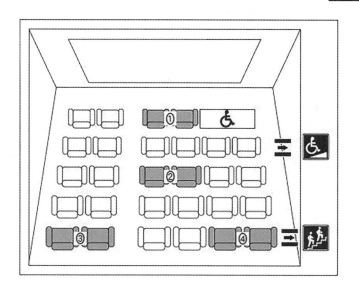

One Point アドバイス

オーソドックスなレギュラーパターンの問題に始まり，イレギュラー，さらには難易度の高いもの，と多様な問題が並ぶ。レギュラーパターンの解答リズムをつかむと同時に，「こういうのもある」を確認しておくことも重要だ。

解答

問1　┃ 8 ┃ ③　問2　┃ 9 ┃ ②　問3　┃ 10 ┃ ④　問4　┃ 11 ┃ ③

解説

問1

Before 場面とイラストから Question & Answer を「予測」

(1) Q「どっちの段？」→ A「上の段」vs.「下の段」

(2) Q「どっちのかご？」→ A「高さあり」vs.「高さなし」

While Answer をキャッチ

レギュラーパターンの展開である。

W：○○○○?

M：○○ on the bottom shelf.

W：○○ beside the bottles?

M：No, the other one.

After Answer と選択肢を照合

予測の Q&A (1) より，下の段の③または④。Q&A (2) より，正解はボトルの横ではない③。

スクリプト

W: Oh, I forgot. Where should these towels go?

M: In the basket on the bottom shelf.

W: ああ，忘れた。これらのタオルはどこに入れるの？

M: 下の段の棚のかごの中だよ。

54

W: The one beside the bottles?

M: No, the other one.

W: ボトルの横のかご？

M: いいや，もう1つの方だよ。

| 設問 |

問1 Where should the woman put the towels? | 8 |

問1 女性はどこにタオルを置くべきか。 | 8 |

問2

Before 場面とイラストから Question & Answer を「予測」

(1) Q「ライスはいるか？」→ A「いる」vs.「いらない」

(2) Q「サイドディッシュはいくつか？」→ A「1皿」vs.「2皿」

While Answer をキャッチ

イレギュラーパターンの展開である。

W: ○○○○？

M: ○○○○.

W: ○○ rice with that?

↓

M: ○○ two side dishes, so that's enough.

After Answer と選択肢を照合

予測のサイドディッシュ「2皿」に，ライスは「なし」なので，正解は②。

| スクリプト |

W: Are you ready to order, sir?

M: Yes, I'd like the fried noodle set.

W: Certainly. Would you like rice with that?

M: Well.... It comes with two side dishes, so that's enough.

W: お客様，ご注文はお決まりですか？

M: はい，焼きそばセットをお願いします。

W: かしこまりました。ご一緒にライスはいかがですか？

M: うーん…。サイドディッシュが2皿付いてくるので，それで十分です。

| 設問 |

問2 What did the man order? | 9 |

問2 男性は何を注文したか。 | 9 |

□ fried noodle　焼きそば

□ Certainly.　かしこまりました。（店員が客に対して丁寧に言っている。）

□ come with 〜　〜が付いてくる

□ side dish　付け合わせ料理（の小皿），サイドディッシュ

問3

Before　場面とイラストから Question & Answer を「予測」

(1) Q「乾燥機は OK？」→ A「○」vs.「×」

(2) Q「アイロンは OK？」→ A「○」vs.「×」

While　Answer をキャッチ

レギュラーパターンの展開である。

M: ○○ in the dryer?

W:　　　　No.

M: ○○ have to iron it?

W: ○○ that you can.

After　Answer と選択肢を照合

予測の Q&A (1) より，乾燥機が×の または ④ に絞られる。Q&A (2) より，アイロンは○なので，正解は ④。

スクリプト

M: Can I put this shirt in the dryer?	M: このシャツを乾燥機に入れてもいい？
W: No, look at the square symbol. It's crossed out.	W: だめよ，正方形のマークを見て。バツがついているわ。
M: Do I have to iron it?	M: アイロンをかけないといけない？
W: Well, this symbol shows that you can.	W: ええと，このマークがアイロンをかけていいことを示しているわ。

設問

問3 Which picture shows what they are looking at? 　10　 | 問3 どの絵が，彼らが見ているものを示しているか。 　10　

 問4

Before 場面とイラストから Question & Answer を「予測」

場所を選ばせる問題では Q&A の予測が難しい。ストーリーの予測ではなく，イラストの「対立点」のチェックに集中するとよい。

対立点は以下の2つ。

「スクリーン」に「近い」vs.「遠い」

「出入口」に「近い」vs.「遠い」

While Answer をキャッチ

レギュラーパターンの展開である。

After Answer と選択肢を照合

W：○○ not sit near the exit.

M：○○ not too near the screen, either.

➡ここまでで「出入口」に「近い」④と，「スクリーン」に「近い」①が除外される。

W：○○ better at the back?

M：○○? Let's sit there, then.

➡ここで「後ろ」の席にすることが決まり，正解は③。

スクリプト

W: I'd rather not sit near the exit.

M: But not too near the screen, either.

W: Isn't the sound better at the back?

M: Do you think so? Let's sit there, then.

W: 出口の近くには座りたくないわ。

M: でも，スクリーンに近すぎるのも嫌だよね。

W: 後ろの方が音がいいんじゃない？

M: そう思う？ じゃあ，そこに座ろう。

問 4　Which seats will the speakers choose?　11

問 4　話者たちはどの席を選ぶだろうか。　11

Words & Phrases

☐ would rather *do*　どちらかといえば…したい

☐ either　〈否定文で〉～も（…ない）

類題 🔊 8-11

問1 駐車場に入り，車をとめる場所について話をしています。 8

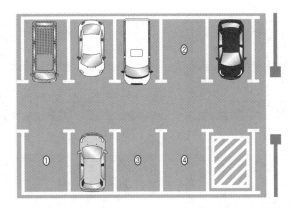

問2 今日の午後の天気について話をしています。 9

問3　ペットショップで，見ている動物について話をしています。 10

① 　　②

③ 　　④

問4　旅先で，明日やることについて話をしています。 11

① 　　②

③ 　　④

One Point アドバイス

いずれもレギュラーパターンの問題だが，Question & Answer を予測しづらいものもある。対話を聞きながら，Answer を絞り込んでいこう。

解答

問1 ┃ 8 ┃ ④ 問2 ┃ 9 ┃ ② 問3 ┃ 10 ┃ ① 問4 ┃ 11 ┃ ②

解説

問1

Before 場面とイラストから Question & Answer を「予測」

(1) Q「どこがいい？」→ A「入口の近く」vs.「遠いところ」

(2) Q「どこがいい？」→ A「隣に車がいないところ」vs.「隣に車がいるところ」

While Answer をキャッチ

レギュラーパターンの展開である。

M: ○○○○ .

W: Better go <u>closer to the entrance</u>.

M: ○○○○ .

W: Good. <u>There's no car next to us</u>.

After Answer と選択肢を照合

Q&A(1) より②または④。Q&A(2) より，④が正解。

スクリプト

M: All right. Let's park here.	M：よし。ここにとめよう。
W: Better go closer to the entrance. We have a lot of things to buy.	W：もっと入口に近づいた方がいいわ。たくさん買うものがあるし。
M: You're right. Oh, there's one over there.	M：そうだね。あ，あそこが空いている。
W: Good. There's no car next to us.	W：いいわね。隣に車はいないし。

問1　Where are they going to park their car?　　8　　　｜　問1　彼らはどこに車をとめようとしているか。　　8

問2

Before　場面とイラストから Question & Answer を「予測」

(1) Q「午後の天気は？」→ A「暖かくなる」vs.「寒くなる」

(2) Q「気温は？」→ A「夜にうんと下がる」vs.「それほど下がらない」

While　Answer をキャッチ

レギュラーパターンの展開である。

W: ○○○○ ?

M: ○○ get cold this afternoon.

W: ○○○○ ?

M: ○○ go down near freezing.

After　Answer と選択肢を照合

「おはよう」というあいさつに始まり，天気は「午後に寒くなる」に加えて「夜は凍えるほど」気温が下がるから，正解は②。

設問 スクリプト

W: Good morning. Why are you wearing a heavy jacket?　｜　W：おはよう。なぜ厚手の上着を着ているの？

M: It's supposed to get cold this afternoon.　｜　M：今日の午後に寒くなりそうだから。

W: How about tonight?　｜　W：今晩はどうかしら。

M: It should go down near freezing.　｜　M：氷点下近くまで下がるはずだよ。

設問

問2　Which is the correct weather forecast?　　9　　　｜　問2　どれが正しい天気予報か。　　9

Words & Phrases

□ heavy 形 厚手の

□ be supposed to *do* …することになっている

問3

Before 場面とイラストから Question & Answer を「予測」

(1) Q「どっち？」→ A「大きい」vs.「小さい」

(2) Q「どっち？」→ A「1匹」vs.「2匹」

While Answer をキャッチ

レギュラーパターンの展開である。

After Answer と選択肢を照合

W: ○○○○！

M: ○○ they're a bit too big ....

　➡ここまでで大型犬が複数いる①または③。

W: ○○○○.

M: ○○ with the long ears.

　➡これで正解①が決まる。やや予想外の展開があるが，しっかりとレギュラーパターンのフォーマット通りの問題である。on the upper shelf も参考にできる。

スクリプト

W: Ooh, they're so cute!	W：わあ，とってもかわいいわ！
M: Yeah. But they're a bit too big to keep at yours, aren't they?	M：そうだね。でも彼らは君のところで飼うにはちょっと大きすぎるんじゃないかな。
W: I mean those on the upper shelf.	W：私が言っているのは上段の犬たちのことよ。
M: I see, with the long ears.	M：ああ，耳の長いのだよね。

問3　Which cages are the speakers talking about?　| 10 |

問3　話者はどのケージについて話しているか。　| 10 |

□ I mean …　私は…のことを言っている

 問4

Before　場面とイラストから Question & Answer を「予測」

Q「明日何しようか？」→ A「アクティブに行こう！」or「ゆっくりしたいね」は容易に予測できるが，もう1つが予測困難で，「屋内」「屋外」などいくつか思い当たりはするもののどれも決め手に欠ける。この問題に限らず，こうした場合に焦る必要はない。というより，深追いはかえって危険だ。「もう1つは何だろう」を意識しながら「しっかり聞き取る」ことを心がければ十分。

While　Answer をキャッチ

レギュラーパターンの展開である。

W: ○○○○?

M: I don't want to do anything tiring.

W: ○○○○?

M: ○○ I want to see that!

After　Answer と選択肢を照合

前半で「ゆっくりしたい（＝疲れないことがいい）」が決まって②または③。最後の see that から，正解が②に決まる。

スクリプト

W: Well, what do you want to do tomorrow?

M: I don't want to do anything tiring.

W：さて，明日は何をしたいの。

M：疲れることはしたくないなあ。

W: OK. So how about this?
M: Sounds good. I want to see that!

| W：わかった。では，これはどう？
| M：いいね。それを見たいな！

設問

問4 What does the man want to do tomorrow?　11

問4 男性は明日何をしたいと思っているか。　11

Section 1
第1〜3問
2

Words & Phrases

□ tiring　形 疲れさせるような

POINT
Before 場面とイラストから Question & Answer を「予測」
While Answer をキャッチ
After Answer と選択肢を照合

65

■ハイスコアの核心

Before 「眼」のプロセス：選択肢から対話全体の進行を「予測」＆キーワードを設定

ここの **Before** のプロセスはまた「予測」作業になる。対話もこれまでと同様 Question → Answer の連続が基本形だが，イラスト選択肢問題ほど「聞き手」と「解答者」が明確ではないことが多いため，あまり強く意識する必要はない。それよりも，この問題では**場面の説明と４つの選択肢から「対話の場面」と「対立点」が浮かび上がるため，どんな話題が「どんな結末をたどるか」，つまり「進行と結論の予測」が可能**になる。この「結論の予測」が同時に，注意して聞き取るべき語句，つまりはキーワードを意識することにもなり，非常に有効である。得点力を安定させるにはこの「予測」であるシミュレーションがポイントになりそうだ。

While 「耳」のプロセス：「結論」をキャッチ

聞き方のイメージとしては，「予測」に照らし合わせながら流れを追うということになり，イラスト選択肢問題と同様だが，**対話の「結論」を確認することを強く意識する**。対話はやや長めになるが，流れの基本は以下の通り。「結論」重視型のため，「結論」がワンポイントであれば対話全体の最後に，ツーポイントであれば前半後半それぞれの最後に中心情報が現れる。

①レギュラーパターン（＝結論がワンポイント）

M：○○○○．

W：○○○○．

M：○○○○．

W：○○○○．⎤

M：●●●●．⎬ ●●●●．や ○○○○． ●●●●． ○○○○．

W：●●●●．⎦ ●●●●．や ○○○○． ●●●●． ●●●●．

など，中心情報の範囲に多少の幅あり。

②イレギュラーパターン（＝結論がツーポイント）

W：〇〇〇〇．
M：〇〇〇〇． ➡ (1)   ➡ (1) 1 つ目の結論
W：●●●●．   もしくは
M：〇〇〇〇． ➡ (2)   ➡ (2) 2 つ目の結論
W：●●●●．

などのように多少の幅あり。

つまりイラスト選択肢問題と流れのカタチは変わらず，ただ**長いゆえに中心情報が「キッチリ1カ所で提示」されずに「ふんわり現れる」ことも多い**ということだ。

After　「頭」のプロセス：「結論」と選択肢を照合

この問題は「結論」イコール正解，が基本である。したがって，強く意識した「結論」を述べている選択肢がどれなのかを「勘違い」のないよう慎重に照合する必要がある。

第3問は問1から問6までの6問です。それぞれの問いについて，対話の場面が日本語で書かれています。対話を聞き，問いの答えとして最も適切なものを，四つの選択肢 ⓪〜④ のうちから一つずつ選びなさい。（問いの英文は書かれています。）**音声は1回流れます。**

問1　道で，男性が女性に話しかけています。

Which is true according to the conversation? [12]

⓪　The man doesn't have a good research topic.

②　The man wants to get rid of his stress.

③　The woman doesn't have time for the interview.

④　The woman thinks the man is very busy.

問2　姉が弟と，いつ両親に会いに行くかについて話をしています。

What will the woman probably do next weekend? [13]

⓪　Meet her brother and father on Saturday

②　Meet her brother and mother on Sunday

③　Meet her mother and father on Saturday

④　Meet her mother and father on Sunday

問3　友人同士が，アルバイトについて話をしています。

How many days does the woman work in a week? 　14

① 　2 days
② 　3 days
③ 　5 days
④ 　7 days

問4　公園から帰った後で，姉と弟が話をしています。

What did the boy do? 　15

① 　He left the park immediately.
② 　He looked for his sister in the park.
③ 　He talked to his sister on the phone.
④ 　He went home with his sister.

問5　オフィスで，男性が女性と話をしています。

What do the man and the woman decide to do? 　16

① 　Get away from the station
② 　Go out for Italian food
③ 　Have Japanese food nearby
④ 　Stay close to the office

問6 学校で，友人同士が話をしています。

Which is true about the girl? 17

① She rode the same train as the boy.
② She saw the boy alone at the station.
③ She talked to the boy on the train.
④ She took the boy to the station.

One Point アドバイス

この問題もレギュラーパターンの問題に始まってイレギュラーへと続き，**問6**では結論が前半に現れる逆パターンも出題されている。流れのパターンを見きわめられたかを確認しよう。

解答

問1 | 12 | ③   問2 | 13 | ③   問3 | 14 | ③   問4 | 15 | ②

問5 | 16 | ②   問6 | 17 | ①

解説

問1

Before　選択肢から対話全体の進行を「予測」＆キーワードを設定

　①「研究テーマ」②「ストレス」③「インタビュー」あたりから，「男性が自分の研究テーマであるストレスについて女性にインタビューする？」ぐらいの予測で十分だ。

While　「結論」をキャッチ

　レギュラーパターンの展開である。

After　「結論」と選択肢を照合

M: ○○ . Do you have time for a short interview?

　　　　　➡予想通り！

W: ○○○○ .

M: ○○○○ .

W: ○○○○ . I'm really busy, ...○○ How long will it take?

M: It should take about 10 minutes.　　　　…ふんわり登場。

W: Oh, sorry.

　　➡女性は時間がないため，インタビューを断っている。正解は③。

M: Excuse me. Do you have time for a short interview?

W: What's it about?

M: We're doing research on how people deal with stress.

W: That's interesting! I'm really busy, but I can spare a couple of minutes. How long will it take?

M: It should take about 10 minutes.

W: Oh, sorry.

M：すみません。簡単なインタビューのお時間はありますか。

W：何についてですか。

M：私たちは，人々がストレスにどう対処するかについて研究しています。

W：それは興味深いですね！ とても忙しいけれど，2, 3分なら時間が取れます。どのくらい時間がかかりますか。

M：10分くらいかかるはずです。

W：ああ，ごめんなさい。

設問

問1 Which is true according to the conversation? | 12 |

① The man doesn't have a good research topic.

② The man wants to get rid of his stress.

③ The woman doesn't have time for the interview.

④ The woman thinks the man is very busy.

問1 会話によると，正しいのはどれか。 | 12 |

① 男性はよい研究テーマを持っていない。

② 男性は自分のストレスを取り除きたい。

③ 女性はインタビューに答える時間がない。

④ 女性は，男性がとても忙しいと考えている。

問2

Before 選択肢から対話全体の進行を「予測」＆キーワードを設定

キーワードが「土曜日」「日曜日」「弟」「お父さん」「お母さん」であることはすぐにわかる。「何曜日に誰に会うか？」の展開になることが予測できる。

While 「結論」をキャッチ

レギュラーパターンの展開である。

After 「結論」と選択肢を照合

W: Let's all get together next weekend.

    ➡予想通り！

M: ○○○○?

W: ○○ , but Dad is only free on Saturday.

M: ○○ . ... go ahead without me? I'll come next time!   …これもふんわり。

W: ○○ , OK.

    ➡土曜日×弟は来ない。正解は ③。

スクリプト

W: Let's all get together next weekend.

M: Sure! I'm busy on Saturday, but Sunday would be fine. How about Mom and Dad?

W: Mom says either day is OK, but Dad is only free on Saturday.

M: I see.... Why don't you go ahead without me? I'll come next time!

W: Oh well, OK.

W: 来週末に皆で集まろうよ。

M: もちろんいいよ！ 土曜日は忙しいけど，日曜日ならいいよ。ママとパパはどう？

W: ママはどちらの日でもいいって言うけど，パパは土曜日しか空いてないのよ。

M: なるほど…。気にしないで僕抜きでしたらどう？ 僕は次回に行くよ！

W: まあ，いいか，わかったわ。

設問

問2　What will the woman probably do next weekend? 　13

① Meet her brother and father on Saturday

② Meet her brother and mother on Sunday

③ Meet her mother and father on Saturday

④ Meet her mother and father on Sunday

問2　次の週末に，女性はおそらく何をするだろうか。　13

① 土曜日に弟と父に会う

② 日曜日に弟と母に会う

③ 土曜日に母と父に会う

④ 日曜日に母と父に会う

Words & Phrases

☐ get together　集まる

☐ go ahead　（遠慮なく）…する

問3

Before　選択肢から対話全体の進行を「予測」＆キーワードを設定

　　キーワードは「アルバイトの日数」。男性が女性に「週に何日働いている
の？」と聞く展開だろうと予測する。ダイレクトに答えることはまずな
い。簡単な計算が必要な問題となる。

While　「結論」をキャッチ

　　イレギュラーパターンの展開である。

M: ○○○○ .

W: ○○ three times a week, on weekdays.

M: ○○○○ ?

W: ○○ , two days, every weekend.

M: ○○○○ !

After　「結論」と選択肢を照合

　　3 ＋ 2 ＝ 5 で，正解は ③。

スクリプト

M: I didn't know you were working at the convenience store.

W: Yes, I used to work there every day, but now just three times a week, on weekdays.

M: Are you working anywhere else besides that?

W: Yes, at the café near the station, two days, every weekend.

M: Wow! You're working a lot!

M: 君がコンビニで働いているとは知らなかったよ。

W: ええ，以前は毎日働いていたけれど，今は平日に週3回だけよ。

M: その他にどこかで働いているの？

W: ええ，駅の近くのカフェで，毎週末2日間よ。

M: わあ！ たくさん働いているんだね！

設問

問3 How many days does the woman work in a week? 14	問3 女性は週に何日働いているか。 14
① 2 days	① 2日
② 3 days	② 3日
③ 5 days	③ 5日
④ 7 days	④ 7日

Words & Phrases

□ convenience store　コンビニ（エンスストア）

□ used to *do*　以前は…した

問4

Before　選択肢から対話全体の進行を「予測」＆キーワードを設定

「時」「場所」「人物」はリスニング問題のキーワードの定番中の定番。ま
ずは「公園」と「姉」。設問が「少年は何をしたか」を尋ねる疑問文のた
め，選択肢中の動詞に注目しながら聞き取ればよい。間違いなく「あな
た，どこで何していたの？」の話になる。

While　「結論」をキャッチ

イレギュラーパターンの展開である。

W: ○○○○?

M: ○○ in the rose garden.　…ダイレクトなファーストポイントは「場所」。

W: ○○○○?

M: ○○ I tried to find you.

W: ○○○○?　…ふんわりのセカンドポイントは「行動」。

M: ○○○○.

After　「結論」と選択肢を照合

「結論」が対話の比較的前半部分に現れ，以降の対話にあまり意味がない
という流れにも見える。しかし，後半は弟の「行動」について語られてお
り，対話全体としてはツーポイントのイレギュラーパターンの構図になっ
ている。正解は②である。

スクリプト

W: What happened? Where did you go?

M: I got lost and ended up in the rose garden.

W: So, you decided to come straight home then?

M: Well, no. First, I tried to find you.

W: Why didn't you call me?

M: I didn't have my phone. But I was OK. The flowers were nice.

W：何があったの？　どこに行っていたの？

M：迷子になって，バラ園に行き着いたんだ。

W：それで，その時まっすぐ家に帰ることにしたの？

M：ええと，違うよ。まず，お姉ちゃんを見つけようとしたんだ。

W：どうして電話をかけてこなかったの？

M：電話を持っていなかったんだ。でも，大丈夫だったよ。花が素敵だった。

設問

問 4　What did the boy do?　15

① He left the park immediately.

② He looked for his sister in the park.

③ He talked to his sister on the phone.

④ He went home with his sister.

問 4　少年は何をしたか。　15

① すぐに公園を去った。

② 公園で姉を探した。

③ 電話で姉と話した。

④ 姉と一緒に帰宅した。

Words & Phrases

□ end up in ～　最後には～に行き着く

問 5

Before　選択肢から対話全体の進行を「予測」＆キーワードを設定

「場所」がキーワード。「駅」「イタリア料理（店）」「和食（店）」「会社」を軸に，「離れる」や「近く」も重要だ。「この後どこ行く？」の話になることが予測できる。

While　「結論」をキャッチ

レギュラーパターンの展開である。

M: ○○○○?

W: ○○○○？

M: ○○○○．

W: ○○ the Italian restaurant near the station, then?

M: ○○○○！   …超ふんわり。

W: ○○○○！

M: Yeah, OK.

After　「結論」と選択肢を照合

そこそこの分量の対話において「結論」が後半に現れるレギュラーパター
ン。長さがあるだけに正解には関係ない情報も多く，それが受験生を惑わ
せることにつながっている。しかし，キーワードを強く意識することで読
み上げが1回でも正しく流れを追うことができる。the Italian restaurant
の後に他の「場所」を示すキーワードが1つも現れないまま OK の返事で
終わっているので，正解は②。ここでは，ムダな情報をスルーする聞き取
りイメージをつかむこと。

スクリプト

M: Do you want to eat dinner after work?

W: I guess so, but where? The sushi place across from the office?

M: Not there again! Let's get away from the office.

W: OK... what about the Italian restaurant near the station, then?

M: That's far!

W: Is it? It's on your way home!

M: Yeah, OK.

M：仕事の後で夕食を食べない？

W：そうね，でもどこで？ 会社の向かいのすし屋は？

M：またそこか！ 会社から離れよう。

W：わかったわ…じゃあ，駅の近くのイタリアンレストランはどう？

M：それは遠いよ！

W：そう？ 帰り道でしょう！

M：そうだね，いいよ。

問5 What do the man and the woman decide to do? `16`	問5 男性と女性はどうすることに決めるか。 `16`
① Get away from the station	① 駅から離れる
② Go out for Italian food	② イタリア料理を食べに出かける
③ Have Japanese food nearby	③ 近所で和食を食べる
④ Stay close to the office	④ 会社の近くにとどまる

Words & Phrases

□ Not ～ again. また～かよ。

□ get away from ～ ～から離れる

 問6

Before 選択肢から対話全体の進行を「予測」&キーワードを設定

この問題はキーワードの整理が大きなポイントになる。「2点の対立点」で把握できることに気づきたい。

「駅」→②「で」一緒 vs. ④駅「まで」一緒

「電車で」→①「話しかけなかった」vs. ③「話しかけた」

進行の予測がやや困難なだけに，キーワードに集中する，を確認して **Before** の作業を終了する。

While 「結論」をキャッチ

上下逆さのレギュラーパターンである。

W: You took the 7:30 train ...?
M: Yes. ○○ ?   …ふんわりといきなり結論。
W: ○○ . I took that train, too.
M: ○○○○ ?
W: ○○○○ ?
M: ○○○○ .
W: ○○○○ .

After 「結論」と選択肢を照合

レギュラーパターンだが，「結論」が対話前半に現れるという，前半と後

半が逆転する型。頻繁に現れる形ではないものの，こうした普通でない流れの問題は難易度が高くなる。この問題では最後の That must've been someone else で「少年ではなかった」→「少年は乗っていなかった」という誤解が多発する。前半の Yes で少年が乗っていたことは明らか。キーワードの整理とその追跡が大いに「ものをいう」問題である。正解は①。

スクリプト

W: You took the 7:30 train this morning, right?

M: Yes. Did you see me at the station?

W: No, I saw you on the train. I took that train, too.

M: Why didn't you say hello?

W: Weren't you talking with somebody?

M: No, I was alone.

W: Really? That must've been someone else, then.

W: 今朝は7時30分の電車に乗ったでしょう？

M: そうだよ。駅で僕を見た？

W: いいえ，電車で見たわ。私もその電車に乗っていたの。

M: どうして声をかけなかったの？

W: あなたは誰かと話していなかった？

M: いいや，ひとりだったよ。

W: そうなの？ それなら誰か他の人だったに違いないわ。

設問

問6 Which is true about the girl?

17

① She rode the same train as the boy.

② She saw the boy alone at the station.

③ She talked to the boy on the train.

④ She took the boy to the station.

問6 その少女について正しいのはどれか。 17

① 少年と同じ電車に乗った。

② 駅で少年がひとりでいるのを見た。

③ 電車で少年に話しかけた。

④ 少年を駅へ連れて行った。

問1　女性が，交通機関についてたずねています。

What will the woman do?　12

① Take a bus
② Take the subway
③ Take a walk
④ Take a tour

問2　夫婦が，旅先で今日の予定を話しています。

Where will the man probably go next?　13

① The station
② The hotel
③ The shrine
④ The gift shop

問3　友達同士が，ジャケットについて話しています。

How does the man feel about the shop? 　14

① He wants to buy something there.

② He thinks Maki's jacket is expensive.

③ It suits his sister's taste.

④ It isn't worth visiting.

問4　友達同士が，昨夜のテレビドラマについて話しています。

What do the two people have the same opinion about? 　15

① The drama had a poor ending.

② The drama had an excellent star.

③ The drama was too long.

④ The movie version of the drama must be good.

One Point アドバイス

例題よりあえて聞き取りレベルを下げ，基本をしっかり眼と耳とアタマで確認してもらうための問題を選んである。**問 4 の流れのカタチを正しく把握できるか**がポイント。

解答

問 1 　| 12 | ① 　問 2 　| 13 | ③ 　問 3 　| 14 | ③ 　問 4 　| 15 | ①

解説

問 1

Before　選択肢から対話全体の進行を「予測」＆キーワードを設定

「交通手段」を特定する問題。対話の最後で女性が「どの交通手段を示す内容を話すか」が決め手になると予測する。

While　「結論」をキャッチ

レギュラーパターンの展開である。

After　「結論」と選択肢を照合

W: ○○○○？

M: You can take the subway.

　… But you can also get the stadium by bus.

W: ○○ seeing Tokyo from the road.

正解は①。subway と bus という 2 つの選択肢を挙げ，最後に from the road というキーワードを示すことで bus が選ばれる。対話問題の基本中の基本の作りだ。

スクリプト

W: Excuse me, sir. I'd like to go to Minato stadium. How can I get there from here?

M: You can take the subway. The station is a five-minute walk

W：すみません。ミナト競技場に行きたいのですが。ここからどのように行けばいいですか。

M：地下鉄に乗ればいいですよ。駅はここから歩いて 5 分です。でも，競技

from here. But you can also get to the stadium by bus.

W: Sounds good. I can enjoy seeing Tokyo from the road.

場へはバスでも行けますよ。

W：いいですね。道路から東京を見るのを楽しめますね。

設問

問1 What will the woman do?

| 12 |

① Take a bus
② Take the subway
③ Take a walk
④ Take a tour

問1 女性はどうするつもりか。

| 12 |

① バスに乗る
② 地下鉄に乗る
③ 散歩をする
④ ツアーに参加する

問2

Before 選択肢から対話全体の進行を「予測」＆キーワードを設定

選択肢＝キーワード。次の行動を答える問題では，対話の「結論」を確実に聞き取る必要がある。旅先で「だれが」「どこへ」「何をしに」行くのかの話。

While 「結論」をキャッチ

レギュラーパターンの展開である。

After 「結論」と選択肢を照合

M: ○○ this shrine. Do we have time to go there?

➡スタートは予想通り。「神社」を軸に話が展開，を確認。

W: ○○○○ .
M: ○○○○ .　　　　　　　　…ふんわりと「別行動」を示す。
W: ○○ , meet me at the station at eleven.

途中でお土産を買う話が出てくるが，「ふんわり」示されているのは2人が別行動を取り，男性は「神社」に，女性は「土産物店」に向かうということ。正解は③。

M: Oh, we forgot to visit this shrine. Do we have time to go there?

W: I'm going to a gift shop. Aren't you getting anything for your coworkers?

M: I can't be bothered. Can I leave it to you?

W: OK, then meet me at the station at eleven.

M：あっ，この神社に行くのを忘れてた。行く時間はあるかな？

W：私はお土産屋さんに行こうと思っているの。同僚に何か買わないの？

M：面倒だな。君に任せてもいい？

W：わかったわ，じゃあ，11 時に駅で待ち合わせね。

設問

問2　Where will the man probably go next? 　13

① The station
② The hotel
③ The shrine
④ The gift shop

問2　男性はおそらく次にどこへ行くか。 　13

① 駅
② ホテル
③ 神社
④ 土産物店

問3

Before 選択肢から対話全体の進行を「予測」＆キーワードを設定

「どう感じているか」を問う問題は，まず「プラス評価」なのか「マイナス評価」なのかが聞き取りのポイントになる。この問題では①と③がプラス評価，②と④がマイナス評価。評価が定まったら，2 つの正解候補の選択肢に用いられているワードが最終的な決め手。

While 「結論」をキャッチ

レギュラーパターンの展開である。

After 「結論」と選択肢を照合

M: ○○ . That's a very nice jacket.
　　　　　　➡プラスイメージ。

W: ○○○○ .
M: ○○○○ .

W: ○○○○ .

M: I'll tell my sister about it. She'll like it!

最後がすべて。「プラス評価」に加えて「妹に教えてあげよう」なので，正解は③。男性自身がそこで買いたいと思っているわけではないので，①は不適当。

スクリプト

M: Hi, Maki. That's a very nice jacket.	M：やあ，マキ。それ，とってもすてきなジャケットだね。
W: Thanks, Neil. I got it at Ms. Wilson's shop. She has good taste in clothes.	W：ありがとう，ニール。ウィルソンさんの店で買ったの。彼女の服のセンスはいいわよ。
M: Can I ask how much it was?	M：いくらだったか聞いてもいい？
W: Only twenty dollars.	W：たったの 20 ドルよ。
M: I'll tell my sister about it. She'll like it!	M：妹に教えてあげよう。気に入ると思うよ！

設問

問3　How does the man feel about the shop?　[14]	問3　男性はその店についてどう思っているか。[14]
① He wants to buy something there.	① そこで何か買いたいと思っている。
② He thinks Maki's jacket is expensive.	② マキのジャケットは高いと思っている。
③ It suits his sister's taste.	③ その店は妹の趣味に合う。
④ It isn't worth visiting.	④ 行く価値はない。

 問4

Before　選択肢から対話全体の進行を「予測」＆キーワードを設定

細部の予測が不可能な問題。4つの選択肢からキーワードを設定する。対話中，①「結末がダメ」，②「主役が素晴らしい」，③「長すぎ」，④「劇場版は期待大」の内容を待ち伏せる。

上下逆さのレギュラーパターンの展開である。

> W: The end of the TV drama was really boring, wasn't it?
> M: Totally. ○○ .

W: ○○○○ .　　　　　　　　　　　　　　　　　…いきなり結論。

M: ○○○○ .

W: ○○○○ ?

After　「結論」と選択肢を照合

対話の冒頭で，テレビシリーズの結末がよくなかったと言う女性に対し，男性は「まったくだ」と同意している。よって，正解は①。主演俳優や劇場版について，2人の意見は分かれている。③は話題に上っていない。

スクリプト

W: The end of the TV drama was really boring, wasn't it?

M: Totally. It was predictable. I liked the lead actor, though.

W: Did you? The cast, including him, was awful.

M: I'm looking forward to the movie version that is coming out next year.

W: Seriously?

W：そのテレビドラマの結末はつまらなかったわよね。

M：まったくだよ。先が読めちゃったもの。主演俳優は好きだったけどね。

W：そうなの？ 彼も含めた出演者がひどかったわ。

M：来年公開される劇場版を楽しみにしているんだ。

W：本当に？

設問

問4 What do the two people have the same opinion about? 15	問4 2人は何について同じ意見を持っているか。 15
① The drama had a poor ending.	① ドラマの結末がお粗末だった。
② The drama had an excellent star.	② ドラマの主役が素晴らしかった。
③ The drama was too long.	③ ドラマは長すぎた。
④ The movie version of the drama must be good.	④ ドラマの劇場版はよいに違いない。

2
Section 1
第1〜3問

Words & Phrases

□ predictable 厖 予測がつく；先が見えてしまう

□ come out （映画が）公開される

✓ POINT

Before 選択肢から対話全体の進行を「予測」＆キーワードを設定

While 「結論」をキャッチ

After 「結論」と選択肢を照合

■セクションの概要

第4問から聞き取りの対象が文章になります。必要な情報を聞き取り，図表を完成させたり，分類や並べ替えをしたりすることを通して，話し手の意図を把握する力を問う問題です。聞き取る英文が長くなるだけでなく，設問も大きく変わります。共通テスト型設問である順序整理問題と照合問題を軸に全体が構成されます。この問題からテストの後半に入りますが，前半の問題に比べて英語表現のレベルが明らかに上がります。したがって，前半の問題で聞き取りに苦労するレベルのリスニング力では対応できない問題です。

□読み上げられる英語

第4問Aは2問構成であり，1問目は物語文またはデータ説明，2問目はメニュー表やアルバイトの給与条件等，生活文が使用されている。長さは2問とも1段落。第4問Bの話題はさまざまだが，4人による「オススメ紹介」の体裁がとられている。長さは短い1段落の英文が4つ。

第5問の英文は社会的話題に関する講義やメディアによる解説などで，使用されている語彙や文構造のレベルは共通テスト英語リーディングとほぼ同等レベルになっており，長さも250語を超える。リーディング第6問の長文読解問題のおよそ半分の長さ，と言えばイメージしやすいだろう。

□設問

第4問A　問1：順序・情報整理問題

　　　　　問2：照合問題(2条件)

第4問B　　　：照合問題(3条件)

第5問　　　：(共通テスト型)図表完成問題(＝順序整理)

　　　　　　　　　　　　　　照合問題(＝講義と図表)

　　　　　：(一般型)キーワード検索

□注意点

　このセクションがハイスコア獲得にとって非常に大きな壁になっているのは，本文の分量や表現の難易度よりもむしろ設問形式による。一部のキーワードを拾うだけでなく，全体にくまなく耳を傾けなければ失点してしまうのが共テ型設問の特徴。設問形式への対処力が問われるセクションである。

■ハイスコア獲得の演習法

　初期の対策で養うべき力は2つ。1つ目は言うまでもなく，本文に耳がついて行けなければ話にならない。第5問では250語を超える英文が読み上げられるため，この分量の文章に耳を慣らす訓練が必要なのは当然だ。練習する素材は共テにこだわる必要はないし，文章全体を隅々まで完璧に聞き取る必要もない。250～300語程度の英文を利用し，「最後まで流れを追う」イメージで「長い文章を最後まで聞く」スタミナを養成すること。2つ目は設問のポイントを理解すること。問題ごとに聞き取りの基本姿勢，つまり「何をどう待ち構えればいいのか」が正しく理解できていなければ，1回の読み上げですべての設問の正解を追うのは至難の業だ。Section 2 の共テ型設問をどう正解すればいいのか，本書を十二分に活用すべし！

■ハイスコアの核心　～順序・情報整理問題

Before　「眼」のプロセス：問題用紙の情報からキーワードを設定

「4つの選択肢を正しい順序に並べる」あるいは「データの項目の空欄を埋める」問題だけに，まずは選択肢そのものがキーワードになるのは当然。しかし，選択肢を確認するだけでは不十分だ。物語文ではイラスト選択肢になるため，一つひとつが「何のシーンなのか」を「予測」することもまた，**Before** での大切な作業。

While　「耳」のプロセス：キーワードを「拾い切る」

読み上げられる文章は物語文の場合と何らかのデータ説明（要するに評論文）の場合があり，それによって意識すべきポイントも変わってくる。

物語文：「シーン」の順序を整理する

➡キーワード＝選択肢＋「時」に関する表現

評論文（＝データ説明）：データの「項目」を整理する

➡キーワード＝選択肢＋「差」に関する表現

キーワードをとにかく「拾い切る」ことがすべて。 と言うと，つい「選択肢のワード」ばかりを追いかけがちだが，**順序・情報整理問題だけに「前後関係」や「差」の方が重要性が高い**。音声が流れるのは1回だけなので，確実に拾い切ること。

After　「頭」のプロセス：キーワードと選択肢を照合

最後は落ち着いて正解を照合させるだけでいい。**While** でキーワードを拾い切ることに成功すれば自信を持って解答することができる。**After** の段階で「勘違い」が起きることはほとんどない。逆に言えば，**While** で自信が持てない限り「解答不能」な問題である。

例　題　🔊18-21

　　第4問Aは問1から問8までの8問です。話を聞き，それぞれの問いの答えとして最も適切なものを，選択肢から選びなさい。**問題文と図表を読む時間が与えられた後，音声が流れます。**

問1〜4　先生が，保護者向けのイベントについて，当日のスケジュールを生徒たちと確認しています。話を聞き，その内容を表した四つのイラスト (①〜④) を，スケジュールに沿った順番に並べなさい。

| 18 | → | 19 | → | 20 | → | 21 |

①

②

③

④

※問5〜8は98ページで取り上げる。

One Point アドバイス

データ整理に比べ，物語文の問題は一般的に難易度が低い。イラストも手伝って「シーンの予測」が容易なことが多いためだ。ただし，この問題は別。「前後関係」を表す表現が大活躍する良問。

解答

問1 ┃ 18 ┃ ③　問2 ┃ 19 ┃ ②　問3 ┃ 20 ┃ ④　問4 ┃ 21 ┃ ①

解説

Before　問題用紙の情報からキーワードを設定

　イラスト＝キーワード。「①校長 or 来賓スピーチ」「②生徒スピーチ」「③合唱」「④ダンス」。

While　キーワードを「拾い切る」

open with a performance by the chorus club

　　　↓　　　＝キーワード③

we had originally planned

　　　↓　　　＝前後関係　→「予定変更！」を聞き取る！

the school principal to make a welcome speech

　　　↓　　　＝キーワード①　→一旦，キャンセル！

But he prefers that the president of the student council make the speech

　　　↓　　　＝キーワード②

the principal will make the closing address

　　　↓　　キーワード①

　　　just after

　　　↓　　　＝前後関係→逆に！

the live performance by the dance team

　　　　　　＝キーワード④　→①の「前」

③で始まる→本当は①「のはずだったけど」②に変更，①は④「のあと」に行う。したがって，正解は③→②→④→①。

スクリプト

Let's review the schedule for Parents' Day. The event will open with a performance by the chorus club. Next, we had originally planned for the school principal to make a welcome speech. But he prefers that the president of the student council make the speech, so she will do that. Instead, the principal will make the closing address just after the live performance by the dance team. Finally, a small welcome reception for parents will be held following the closing address. I think we're all set for the big day.

　参観日のスケジュールを復習しましょう。イベントはコーラス部の合唱で始まります。次は，もともとは校長先生が歓迎のスピーチをする予定でした。けれども，校長先生はむしろ生徒会長がスピーチをする方がよいと考えているので，生徒会長がそうします。その代わり，ダンスチームによるライブ・パフォーマンスのすぐ後に，校長先生が閉会の辞を述べます。最後に，閉会の辞に続いて，保護者のためにささやかな歓迎会を開きます。重要な日の準備がすっかりできていると思います。

Words & Phrases

☐ originally　圓 もともとは，当初は

☐ prefer that S ＋動詞の原形 ...　Sが…することがよいと思う（仮定法現在）

☐ student council　生徒会

☐ closing address　閉会の辞

☐ be all set for ～　～の準備がすっかりできている

問1〜4　大学生が旅の思い出について話しています。話を聞き，その内容を表したイラスト（①〜④）を，聞こえてくる順番に並べなさい。

| 16 | → | 17 | → | 18 | → | 19 |

①

②

③

④

One Point アドバイス

「物語文の問題は一般的に難易度が低い」の典型。実際の過去の出題でも難易度は本問とたいして変わらない。逆に言えば絶対落とせない問題。

解答

問1 | 16 | ② 　問2 | 17 | ③ 　問3 | 18 | ① 　問4 | 19 | ④

解説

Before 問題用紙の情報からキーワードを設定

「① 「雨の中農家らしき家へ」, ② 「楽しくバーベキュー」, ③ 「雨が降ってきたので急いで片づけ」, ④ 「囲炉裏端でお食事」なので, ②→③→①→④だろうと予想して音声を聞く。

While キーワードを「拾い切る」

and having a <u>barbeque</u>

     ↓ 　=キーワード②

After a while,

     ↓ 　=前後関係 　→ 「順序変わらず」

it began to <u>rain. We put things back</u> ...

     ↓ 　=キーワード③

and suggested <u>we rest at his house</u>

     ↓ 　=キーワード①

he made us <u>hot miso soup</u>

     =キーワード④

After キーワードと選択肢を照合

予想した通りの展開であったことが確認でき, 正解は②→③→①→④。

One day, I went to a river with some volunteers from my class. We enjoyed fishing, painting, and having a barbeque. After a while, it began to rain. We put things back into the coolers in a hurry and started to walk back toward our lodging. It started raining harder. When we were walking along a forest path, a farmer spoke to us and suggested we rest at his house since it didn't look like the rain would stop. After we took a shower, he made us hot miso soup. It was delicious and warmed even our hearts.

ある日，私はクラスからの有志と川へ行った。私たちは釣りをしたり，絵を描いたり，バーベキューをしたりして楽しんだ。しばらくすると雨が降り始めた。急いで物をクーラーボックスに戻し，宿に向かって歩いて戻り始めた。雨はさらに強く降り始めた。森の細い道に沿って歩いている時，農家の人が私たちに声をかけ，雨がやみそうにないので彼の家で休むように勧めてくれた。私たちがシャワーを浴びたあと，彼はあたたかいみそ汁を作ってくれた。それはおいしくて，心まで温めてくれた。

Words & Phrases

□ volunteer 图 有志

□ lodging 图 宿

□ suggest that + S + (should) *do* Sが…するよう提案する

✓ POINT

Before 問題用紙の情報からキーワードを設定

While キーワードを「拾い切る」

After キーワードと選択肢を照合

■ハイスコアの核心

Before 「眼」のプロセス：問題用紙の情報から2つの条件を「予測」

よくある通販CMのセリフ「通常価格 ¥10,000 のところ，この放送終了後30分間に限り，なんと90%引きのお値段たったの ¥1,000！」。この場合，通常価格の ¥10,000 が**主条件**，そして30分間限定価格の ¥1,000 が**副条件**にあたる。この2つの条件を組み合わせて複数項目の価格や分類などを特定するのがこの問題の解答作業だ。したがって，**Before** で必要なのは**問題用紙に与えられた情報から2つの条件を「予測」する作業**になる。1回の読み上げで2つの条件とその組み合わせを把握する必要があるため，普通に考えればきわめて難易度が高いということになる。しかし，問題用紙からの「予測」は容易にできるよう作られているため，そこまで神経質にならなくてOK。

While 「耳」のプロセス：主条件➡副条件の順に2つを把握

初めに現れるのは必ず「主条件」になる。これによって全体を3つ程度に分類し，その後，「ただし，こういうケースについては…」と「副条件」を提示して文章が終わる。**まずは「主条件」を正しく聞き取り，基本分類が把握できたらすぐに意識を「副条件」に切り替える。**これに尽きる。

After 「頭」のプロセス：2つの条件と選択肢を照合

最後は落ち着いて正解を照合させるだけでOK。副条件の当てはめを間違えないように気をつけること。

問 5〜8　あなたは，留学先で，世界の食品フェアに友人と来ています。受付で話を聞いてきた友人の説明を聞き，次のメモの四つの空欄 22 〜 25 に入れるのに最も適切なものを，六つの選択肢（① 〜 ⑥ ）のうちから一つずつ選びなさい。選択肢は 2 回以上使ってもかまいません。

Things to buy		Section
Canadian maple candy	—	22
Greek cheese	—	23
Indonesian instant ramen	—	24
Kenyan bottled coffee	—	25

① 　A and B
② 　B
③ 　C
④ 　C and F
⑤ 　D
⑥ 　E and F

解答

問5 | 22 | ③　　問6 | 23 | ⑥　　問7 | 24 | ②　　問8 | 25 | ⑤

解説

Before　問題用紙の情報から2つの条件を「予測」

　売場を特定する問題。「カナダのキャンディー」「ギリシャのチーズ」「インドネシアのラーメン」「ケニアのコーヒー」について，主条件は間違いなく「通常の売場案内」になり，最後に副条件「ただし，今だけ一部売場を追加」，の流れを予測。

While　主条件➡副条件の順に2つを把握

主条件

　　Sweets are available in Section C.
　　　　↓　　=キーワード「カナダのキャンディー」
　　Dairy or milk-based products are in Section E.
　　　　　　↓　　=キーワード「ギリシャのチーズ」
　　We can get noodles in Section B.
　　　　　　↓　　=キーワード「インドネシアのラーメン」
　　Drinks are sold in Section D.
　　　　　　↓　　=キーワード「ケニアのコーヒー」

副条件

　　and Section F features a different country each day
　　　　　　↓
　　Today, items from Greece are there as well as in their usual sections.
　　　　　　=キーワード　➡コレが決め手！

「ギリシャのチーズ」に副条件を当てはめ，　**23**　は⑥ E と F。あとは主条件のみから解答できる。

スクリプト

The receptionist said the products are grouped by the type of food, like a supermarket. Sweets are available in Section C. Dairy or milk-based products are in Section E. We can get noodles in Section B. That's next to Section A, where the fruits are located. Drinks are sold in Section D. Oh, and Section F features a different country each day. Today, items from Greece are there as well as in their usual sections.

受付係によると，スーパーマーケットのように，食品の種類ごとに商品はまとめられているとのことでした。お菓子は C 売場で手に入ります。乳製品や牛乳由来の製品は E 売場にあります。麺類は B 売場で買えます。それは A 売場の隣で，A 売場には果物が置かれています。飲み物は D 売場で売られています。ああ，F 売場では日替わりで異なる国を特集します。今日はギリシャの商品が，通常の売場だけでなく，F 売場にも置いてあります。

Words & Phrases

☐ dairy　形 乳製品の

☐ locate　他 〜を置く

☐ feature　他 〜を特集する

☐ A as well as B　B だけでなく A も；B はもちろん A も

類題　◀€20-23

問5〜8　あなたはイベント会場の整理係のアルバイトを始めます。勤務
　　　表についての説明を聞き，下の表の四つの空欄　20　〜　23　に
　　　あてはめるのに最も適切なものを，五つの選択肢（①〜⑤）のうちから
　　　一つずつ選びなさい。選択肢は2回以上使ってもかまいません。

Days		Hours	Pay
TUE. 3	WED. 4	9AM – 11AM	20
		12PM – 3PM	
THU. 5	FRI. 6	8AM – 11AM	
		1PM – 5PM	21
SAT. 7	SUN. 8	7AM – 12PM	22
		2PM – 6PM	23

①　$16　②　$32　③　$40　④　$48　⑤　$60

2

Section 2
第4・5問

One Point アドバイス

この問題は問題用紙の情報が非常にわかりやすいため「予測」がハズレることはめったにない。しかし，ハズれた時の処理も理解しておく必要がある。本問はその練習として取り組んでほしい。

解答

問5 | 20 | ① 　問6 | 21 | ③ 　問7 | 22 | ③ 　問8 | 23 | ④

解説

Before 問題用紙の情報から2つの条件を「予測」

　　勤務表から時給が曜日と時間帯によって変わることが予測できる。つまり，主条件が「基本時給」，副条件が「曜日」と「時間帯」と予測。金額に加えて「時を表す語句」に注意を払うこと。

While 主条件➡副条件の順に2つを把握

主条件

● From Tuesday to Friday,
　　it's eight dollars an hour for mornings, and
　　ten dollars for afternoons
　　　　　　　　↓
● for weekend and weekday mornings
　　is the same

副条件

● on weekend afternoons,
　　it's two dollars more

主条件・副条件の予測がハズレ。いきなり「曜日」「時間帯」「基本時給」が一気に現れる。しかし，ハズれたからといって焦る必要はなく，聞きながら条件設定を修正すればいい。「いきなり全部出てきた＝これ全部が主条件」「つまり，最後に別の副条件が出てくるはず！」この切り替えが重要だ。アタマをしっかり切り替えるのがポイントになる。

主条件から ⬚20⬚ は 8 ドル × 2 時間で ① 16 ドル。 ⬚21⬚ は 10 ドル × 4
時間で ③ 40 ドル。さらに ⬚22⬚ は週末の午前中なので時給は火～金曜日
までの午前中と同じで，8 ドル × 5 時間で ③ 40 ドル。副条件を加味して
解答するのは ⬚23⬚ で，週末の午後の時給は平日の午後（10 ドル）より
2 ドル多く，時給 12 ドルで 4 時間勤務。正解は ④ 48 ドルである。

スクリプト

This is your part-time job work schedule. The pay depends on what day of the week and which hours you'll be working. From Tuesday to Friday, it's eight dollars an hour for mornings, and ten dollars for afternoons because it's busy. The hourly pay for weekend and weekday mornings is the same. Since there are so many visitors on weekend afternoons, it's two dollars more than that for weekday afternoons.

これがあなたのアルバイトの勤務表です。バイト代は働く曜日と時間帯によって決まります。火曜日から金曜日までは，午前中は時給 8 ドル，午後は忙しいので 10 ドルです。週末と平日の午前中の時給は同じです。週末の午後は来場者が非常に多いので，平日の午後の時給より 2 ドル多くなります。

Words & Phrases

☐ since 接 …なので；…だから

✓ POINT

Before 問題用紙の情報から 2 つの条件を「予測」
While 主条件➡副条件の順に 2 つを把握
After 2 つの条件と選択肢を照合

2
Section 2
第4・5問

■ハイスコアの核心 ～照合問題

Before 「眼」のプロセス：問題から「条件」を確認

　第4問Aの照合問題が2つの条件をまさしく「照合」させる必要があったのに対して，Bはより単純な形，**3つの「条件」を1つずつ「この人の発言ではこの条件はクリア」「この条件もクリア」「これはNG」とチェックするだけである。これを4人分繰り返せばいい。**3つの条件をすべてクリアしたものが正解になるだけなので，他の3人と「照合」させる必要はない。3つの「条件」を個別にしっかり把握しよう。

While 「耳」のプロセス：条件を1つずつ「OK」「NG」に分類

　Before で確認した**条件を発言中から拾い切る**ことに尽きる。拾い続けながら，1つ現れるごとに「OK」「NG」を素早くチェックし，「NG」が1つでも現れればそれは正解にはならないので，以降は他の要素を確認する程度でよい。

After 「頭」のプロセス：聞き取りの記憶を最終確認

　While をうまく乗り切れれば確実に正解，乗り切れなければ「解答不能」になる。**After** の段階で勘違いが起きることはまずあり得ない。

例題 🔊26

　第4問Bは問1の1問です。四人の説明を聞き，問いの答えとして最も適切なものを，選択肢のうちから選びなさい。メモを取るのに下の表を使ってもかまいません。**1回流します。**

状況
　あなたは大学に入学した後に住むための寮を選んでいます。寮を選ぶにあたり，あなたが考えている条件は以下のとおりです。

条件
A.　同じ寮の人たちと交流できる共用スペースがある。
B.　各部屋にバスルームがある。
C.　個室である。

	A. Common space	B. Private bathroom	C. Individual room
① Adams Hall			
② Kennedy Hall			
③ Nelson Hall			
④ Washington Hall			

問1　先輩四人が自分の住んでいる寮について説明するのを聞き，上の条件に最も合う寮を，四つの選択肢（① ～ ④）のうちから一つ選びなさい。　26

① Adams Hall
② Kennedy Hall
③ Nelson Hall
④ Washington Hall

One Point アドバイス

まずは第4問BがAに比べて「長いけれど易しい」ことを確認したい。

解答

問1 | 26 | ④

解説

Before 問題から「条件」を確認

「共有スペース」「各部屋にバスルーム」「個室」の3つ。問題の指示通りである。

While 条件を1つずつ「OK」「NG」に分類

聞きながら3つの条件について表に○×を書き込む。

Adams Hall： 「共有スペース」○,「個室」○,
「各部屋にバスルーム」×

Kennedy Hall： 「個室」×,「共有スペース」○,
「各部屋にバスルーム」○

Nelson Hall： 「個室」×（上級生用）,「各部屋にバスルーム」×,
「共有スペース」○

　　　　　　　　　　　　…この時点で④の正解を確信！

Washington Hall：「共有スペース」○,「各部屋にバスルーム」○,
「個室」○

After 聞き取りの記憶を最終確認

問題用紙につけた○×を「照合」し,解答する。

スクリプト

1. You'd love Adams Hall. It's got a big recreation room, and we have parties there every weekend. You can also concentrate on your studies because everyone gets their own

君たちはアダムスホールを気に入るでしょう。大きな娯楽室があり,そこで週末ごとにパーティーがあります。それぞれ個室があるので,勉強にも集中できます。でもバスルームは共用で

room. The bathrooms are shared, though.

2. I recommend Kennedy Hall. All the rooms are shared, and the common area is huge, so we always spend time there playing board games. There's a bathroom in every room, which is another thing I like about my hall.

3. I live in Nelson Hall. There are private rooms, but only for the seniors. So, you'll be given a shared room with no bathroom. My favorite place is the common kitchen. We enjoy sharing recipes from different countries with each other.

4. You should come to Washington Hall. The large living room allows you to spend a great amount of time with your friends. Each room has a bathroom. Some rooms are for individual students, and, if you apply in advance, you will surely get one of those.

す。

　ケネディホールをお勧めします。全室が相部屋で，共用エリアはとても広いので，私たちはいつもそこでボードゲームをして過ごします。バスルームは各部屋にあり，それも私がこのホールで気に入っているところです。

　私はネルソンホールに住んでいます。個室がありますが，上級生用だけです。ですから君たちは，バスルームのない相部屋を与えられるでしょう。私が好きな場所は共用キッチンです。お互いにさまざまな国のレシピを教え合って楽しみます。

　あなたたちはワシントンホールへ来るべきです。大きな居間で友人たちと多くの時間を過ごすことができます。各部屋にはバスルームがあります。個人用の部屋もあり，あらかじめ申し込めばそのうちの１つを確実に使用することができるでしょう。

| Words & Phrases |

□ concentrate on ～　　～に集中する

□ senior　图 上級生

□ in advance　前もって；あらかじめ

状況

　あなたは，外国人教授の週末旅行の手配を手伝っています。宿泊先を選ぶにあたり，教授が考えている条件は以下のとおりです。

条件

　A.　和食以外にも，夕食の選択肢が多い。

　B.　部屋からの眺めがよい。

　C.　日頃の運動不足を解消したい。

	Condition A	Condition B	Condition C
① Ryokan Wakaba			
② Lodge Yukiguni			
③ Hotel Haru			
④ Yukemuri Inn			

問1　旅行代理店で働く四人がそれぞれ勧める宿泊先について説明するのを聞き，上の条件に最も合う宿泊先を，四つの選択肢（① ～ ④）のうちから一つ選びなさい。　24

① Ryokan Wakaba

② Lodge Yukiguni

③ Hotel Haru

④ Yukemuri Inn

One Point アドバイス

「長いけれど易しい」ことを確認する。この問題はいわゆる「長文聞き取り」の力を高める上で非常に役に立つ。練習として数多く解くことを心がけよう。

解答

問1 ┃ 24 ┃ ③

解説

Before 問題から「条件」を確認

問題の指示通り，「和食以外の選択肢」「よい眺め」「運動の機会」の3条件である。

While 条件を1つずつ「OK」「NG」に分類

聞きながら3つの条件について表に〇×を書き込む。

Ryokan Wakaba： 「和食以外の選択肢」〇

「よい眺め」〇

「運動の機会」×

Lodge Yukiguni： 「よい眺め」× …以降は確認程度に聞く。

Hotel Haru： 「よい眺め」〇

「和食以外の選択肢」〇

「運動の機会」〇

…この時点で③の正解を確信！

Yukemuri Inn： 「よい眺め」〇

「運動の機会」〇

「和食以外の選択肢」×

（週末はほぼいつも予約がいっぱい）

After 聞き取りの記憶を最終確認

問題用紙につけた〇×を「照合」し，解答する。

スクリプト

1. At Ryokan Wakaba, you can enjoy tasty foods from different countries in the grand hall. Every room has a gorgeous view of the city below, but the ski slopes are currently closed due to lack of snow.
2. Lodge Yukiguni is in the woods near Lake Nozawa, a leading tourist spot. Unfortunately, the rooms don't have much of a view at this time of year, but the dinner served outdoors is excellent. You can choose from two courses that feature local food.
3. The great view from Hotel Haru has been painted by many artists. You can enjoy a variety of course meals from various countries if you reserve in advance. The swimming pool completed last year is also very popular.
4. I recommend Yukemuri Inn. There's a view of Mount Fuji from every room. Also, there are outdoor obstacle and hiking courses right behind the inn. You can have a quiet dinner in your room, and a Japanese style dinner course is also available, but the weekends are almost always fully booked.

若葉旅館では，大ホールで各国のおいしいお食事をお楽しみいただけます。どの部屋も眼下に見事な街の景色がございますが，現在，積雪量不足のためスキー場は閉鎖しております。

ロッジ雪国は，主要な観光名所，野沢湖近くの森の中にございます。あいにくこの時期は部屋からの眺めはあまり望めませんが，屋外でお出しする夕食は素晴らしいものです。地元料理に特化した２つのコースからお選びいただけます。

ホテル春からの素晴らしい景色は，多くのアーティストによって描かれてきました。あらかじめご予約いただくと，さまざまな国のさまざまなコース料理をお楽しみいただけます。昨年完成したプールも大好評です。

湯けむり旅館をお勧めします。どの部屋からも富士山の景色をお楽しみいただけます。また，旅館の真裏にはフィールドアスレチックやハイキングコースがございます。ご自身のお部屋で静かな夕食をお楽しみいただけます。和食の夕食コースもご利用いただけるのですが，週末はほぼいつも予約でいっぱいです。

Words & Phrases

□ due to 〜　〜が原因で

□ in advance　前もって；あらかじめ

☐ outdoor obstacle course　フィールドアスレチック

☐ book　他 〜を予約する

✓ POINT

Before 問題から「条件」を確認

While 条件を１つずつ「OK」「NG」に分類

After 聞き取りの記憶を最終確認

■ハイスコアの核心

Before 「眼」のプロセス：メモ・ワークシートを完全把握

　もし，問題用紙にメモ・ワークシートの類が与えられず，放送文だけで講義の全容をつかむことが求められたら，ほとんどの受験生にはお手上げの問題である。逆に言えば，それだけワークシートなどが与えてくれるヘルプが大きいということだから，これを利用しない手はない。**まずは与えられたワークシートを把握しよう**。非常にていねいに作られており，これを2度，3度と目でなぞっておけば，放送前に全体の流れはほぼ完璧に把握できる。流れが把握できてしまえば，**放送中に聞き取るべきは空欄情報のみ**となり，作業が圧倒的に効率的になる。

　そして **Before** の作業でもう1つ重要なことがある。この問題ではどうしてもワークシート中，図表の「穴埋め部分」ばかりに目が行ってしまいがちだが，放送がスタートしてしばらくは別の設問の解答情報が流れる。まず全体に目を通し，「だいたいこんな話になる」という流れがある程度把握できたら，次に改めて最大の課題である図表部分とその選択肢を確認，そして，**必ず最初の設問に目を移すこと**。キーワード検索になるので，選択肢をしっかり眺めながら放送を待とう。

While 「耳」のプロセス：設問ごとに「切り替え」を意識

　放送される音声は，必ずワークシートをなぞる形で進行する。したがって，ワークシートを目で追いながらの作業になる。**スタートは最初の一般型設問＝キーワード検索の作業**。ごく普通に，選択肢中のキーワードを意識して聞きつつ解答情報を待つ。そして，**解答情報が現れたらすぐにアタマと目を切り替えてメインの設問である図表完成＝順序整理問題に集中，「聞き取る」べき空欄情報を待つ**。これが基本姿勢だ。空欄情報は原則として「対立点」の構造になっているから，あらかじめ待ち受ける聞き取り姿勢で臨みさえすれば確実に拾えるだろう。対立点を拾う他は，これまでの問題で求められてきた，数をキーワードとする設問や「結論」を選択するパターンの，ごく標準的な設問形式だ。ここでもう1つ， **While** の作業の注意点がある。図表が完成すると安心感から一瞬気が抜けてしまいが

ちになる。これは絶対に NG。すぐに再び目とアタマを切り替えて次の設問＝キーワード検索の作業に移ること。途中で一瞬たりとも気を抜くことがあってはならない。設問ごとに目とアタマをキッチリ切り替えることを十分に意識することが重要だ。

After 「頭」のプロセス：聞き取りの記憶を最終確認

While のプロセスですべての空欄情報を拾い切れなかった場合でも，論理関係から「こっちがプラスならこっちはマイナスになるはず」のように正解を予測できる空欄もある。これはこれまでの問題にはなかった特徴だ。聞き取りの記憶と再度照合しつつ，論理に矛盾や破綻がないようワークシートを完成させよう。

例題 🔊 27-34 ——————————————————

　第5問は**問1**(a)〜(c)と**問2**の2問です。講義を聞き，それぞれの問いの答えとして最も適切なものを，選択肢のうちから選びなさい。<u>状況と問いを読む時間（約60秒）</u>が与えられた後，音声が流れます。**1回流します。**

<u>状況</u>

　あなたはアメリカの大学で，技術革命と職業の関わりについて，ワークシートにメモを取りながら，講義を聞いています。

ワークシート

○ **The impact of technological changes***

*artificial intelligence (AI), robotics, genetics, etc.

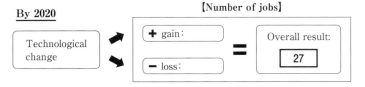

By 2020　　　　　　　　　　　【Number of jobs】

○ **Kinds of labor created or replaced**

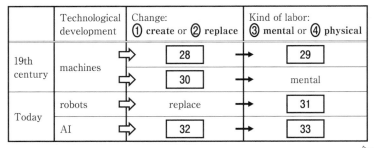

	Technological development	Change: ① **create** or ② **replace**	Kind of labor: ③ **mental** or ④ **physical**
19th century	machines	28	29
		30	mental
Today	robots	replace	31
	AI	32	33

114

問1 (a) ワークシートの空欄 27 にあてはめるのに最も適切なもの
を，六つの選択肢 (①〜⑥) のうちから一つ選びなさい。

① a gain of 2 million jobs   ② a loss of 2 million jobs

③ a gain of 5 million jobs   ④ a loss of 5 million jobs

⑤ a gain of 7 million jobs   ⑥ a loss of 7 million jobs

問1 (b) ワークシートの表の空欄 28 〜 33 にあてはめるのに最
も適切なものを，四つの選択肢 (①〜④) のうちから一つずつ選びな
さい。選択肢は2回以上使ってもかまいません。

① create   ② replace   ③ mental   ④ physical

問1 (c) 講義の内容と一致するものはどれか。最も適切なものを，四つ
の選択肢 (①〜④) のうちから一つ選びなさい。 34

① Machines are beginning to replace physical labor with the help
of robots.

② Mainly blue-collar workers will be affected by the coming
technological changes.

③ Two-thirds of the number of women working at an office will
lose their jobs.

④ White-collar workers may lose their present jobs because of AI
developments.

問2　講義の続きを聞き，下の図から読み取れる情報と講義全体の内容から，どのようなことが言えるか，最も適切なものを，四つの選択肢 $(①～④)$ のうちから一つ選びなさい。　35

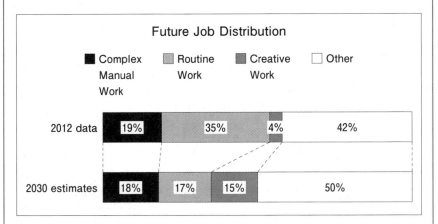

① Complex manual work will be automated thanks to the technological revolution.

② Jobs in the STEM fields will not increase even though they require creative work.

③ Mental work will have the greatest decrease in percentage.

④ Not all physical work will be replaced by robots and AI.

One Point アドバイス

第5問の典型的な問題。総合問題ゆえに厄介なのは事実だが，問題デザイン自体が固定されているため，解答作業のリズムをつかむために何度も繰り返し作業することが非常に効果的だ。本問はリズムの把握に最適な素材になる。

解答

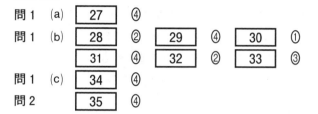

問1	(a)	27	④				
問1	(b)	28	②	29	④	30	①
		31	④	32	②	33	③
問1	(c)	34	④				
問2		35	④				

解説

問1 (a) ➡ キーワード検索

Before メモ・ワークシートを完全把握

ワークシート及び選択肢の情報から，gain と loss の数値を聞き逃さないよう注意して聞くべきであることがわかる。

While 設問ごとに「切り替え」を意識

After 聞き取りの記憶を最終確認

第1パラグラフの By 2020 以降で，「いわゆる STEM 分野で 200 万の職が増えるだろう」，「700 万のその他の職が失われるだろう」と述べている。差し引き 500 万の減少となるから，正解は④。

問1 (b) ➡ 順序整理問題

Before メモ・ワークシートを完全把握

　28 ～ 30 は 19 世紀の産業革命時の職業の変化で，31 ～ 33 は現代の変化である。「いつ」の話をしているのかを把握しながら，「create vs. replace」「mental vs. physical」という 2 つの対立点に集中する。

While 設問ごとに「切り替え」を意識

After 聞き取りの記憶を最終確認

■ 28 ～ 30

19世紀の産業革命時の職業の変化については，(a) が解決して間もなく触れられる。機械が肉体（physical）労働に「取って代わり」，営業などの精神（mental）労働が「創出された」とある。 30 の右に mental があるから，ここには create（①）が入る。 28 ， 29 には，それぞれ対となる replace（②），physical（④）が入る。

■ 31 ～ 33

産業革命時の変化に続いて現れるのが現代の変化について。Today 以降で，多くの肉体労働者がロボットに職を「奪われる」だろう，AI が「精神」労働を必要とする職のいくつかも「消滅させる」かもしれないと述べている。 31 はロボットに取って代わられる職だから physical（④）， 32 ， 33 は AI がすることだから，「精神」労働の職を「消滅させる」という意味になるよう，それぞれ replace（②），mental（③）が入る。

問1 (c) ➡キーワード検索

Before メモ・ワークシートを完全把握

「結論」を答える問題。「細部」は正解に無関係であり，講義「全体」を最も反映した選択肢が正解となるので， **Before** のプロセスとしては，**問1(a)(b)** に備えるだけで十分。

While 設問ごとに「切り替え」を意識

After 聞き取りの記憶を最終確認

①機械が肉体労働に取って代わったのは19世紀の産業革命からなので，「取って代わり始めている」というのは正しくない。②講義では今後はブルーカラーの労働者，つまり，肉体労働者だけでなく，多くの精神労働者の職もなくなる可能性があると言っているから，講義の内容と一致しない。③「3分の2」という数値は失われると予想される700万の職のうちの事務職の割合である。その多くが女性であると述べられているが，女性の3分の2が職を失うわけではない。④第3段落で「ホワイトカラーや知的労働者も AI のせいで『ハイリスク』な状態にある」と述べられてい

るから，これが講義の内容と一致する。正解は④。

スクリプト

What kind of career are you thinking about now? Research predicts developments in artificial intelligence, robotics, genetics, and other technologies will have a major impact on jobs. By 2020, two million jobs will be gained in the so-called STEM fields, that is, science, technology, engineering, and mathematics. At the same time, seven million other jobs will be lost.

This kind of thing has happened before. Jobs were lost in the 19th century when mass production started with the Industrial Revolution. Machines replaced physical labor, but mental labor like sales jobs was generated. Today, many people doing physical labor are worried that robots will take over their roles and that they will lose their current jobs. This time, the development of AI may even eliminate some jobs requiring mental labor as well.

あなたは現在どのような職業を考えていますか。調査では，AI（人工知能），ロボット工学，遺伝学やその他の技術の発達が職業に大きな影響を与えると予測しています。2020年までに，いわゆるSTEM分野，すなわち科学 (S)，技術 (T)，工学 (E)，数学 (M) の分野で200万の職が増えるでしょう。同時に700万の別の職が失われるでしょう。

この類のことは過去にも起こっています。産業革命で大量生産が始まった19世紀には多くの職が失われました。機械が肉体労働に取って代わりましたが，営業職などの精神労働が生み出されました。今日，肉体労働に携わる多くの人々が，ロボットが彼らの役割を担い，彼らは今の職を失うのではないかと心配しています。今回は，AIの発達が精神労働を必要とするいくつかの職も消滅させるかもしれません。

Actually, we know that robots are already taking away blue-collar factory jobs in the US. Moreover, because of AI, skilled white-collar workers, or intellectual workers, are also at "high risk." For example, bank clerks are losing their jobs because computer programs now enable automatic banking services. Even news writers are in danger of losing their jobs as AI advances enough to do routine tasks such as producing simple news reports.

As I mentioned earlier, seven million jobs will be lost by 2020. Two-thirds of those losses will be office jobs. Since most office jobs are done by women, they will be particularly affected by this change. What's more, fewer women are working in the STEM fields, so they will benefit less from the growth in those fields.

実際，アメリカではすでにロボットがブルーカラーの工場の職を奪いつつあることを私たちは知っています。さらに，AIのせいで熟練のホワイトカラーや知的労働者も「ハイリスク」な状態にあります。例えば，コンピュータープログラムが自動の銀行サービスを可能にしたため，銀行員は職を失いつつあります。ニュースの書き手でさえ，AIが簡潔なニュース記事を書くことのような手順の決まった仕事をこなせるくらい進化するにつれ，失業の危機にさらされています。

先ほど述べた通り，2020年までに700万の職が失われます。それらの職の3分の2は事務職でしょう。事務職の多くは女性が担っているため，女性は特にこの変化の影響を受けます。さらに，STEM分野で働いている女性は男性より少ないので，これらの分野の成長によって受ける恩恵は男性より少ないでしょう。

設問

問1　(a)　| 27 |

① a gain of 2 million jobs
② a loss of 2 million jobs
③ a gain of 5 million jobs
④ a loss of 5 million jobs
⑤ a gain of 7 million jobs
⑥ a loss of 7 million jobs

問1　(a)　| 27 |

① 200万の職の増加
② 200万の職の減少
③ 500万の職の増加
④ 500万の職の減少
⑤ 700万の職の増加
⑥ 700万の職の減少

問1 (b) | 28 | ～ | 33 |
① create
② replace
③ mental
④ physical

問1 (b) | 28 | ～ | 33 |
① 創出する
② 取って代わる
③ 精神的
④ 肉体的

問1 (c) | 34 |
① Machines are beginning to replace physical labor with the help of robots.
② Mainly blue-collar workers will be affected by the coming technological changes.
③ Two-thirds of the number of women working at an office will lose their jobs.
④ White-collar workers may lose their present jobs because of AI developments.

問1 (c) | 34 |
① ロボットの助けを借りて，機械が肉体労働に取って代わり始めている。
② 主にブルーカラーの労働者が，今後の技術変化の影響を受けるだろう。
③ 会社で働いている女性の3分の2が職を失うだろう。
④ ホワイトカラーの労働者はAIの発達のせいで，現在の職を失うかもしれない。

Words & Phrases

☐ artificial intelligence 人工知能（AI）

☐ genetics 图 遺伝学

☐ mass production 大量生産

☐ the Industrial Revolution 産業革命

☐ take over ～ ～を引き継ぐ；～に取って代わる

☐ in danger of ～ ～の危険がある；～しそうである

☐ what's more その上；さらに

問2

Before　新たに与えられた図表を完全把握

　50語程度の英文が追加で読み上げられ，それに関する設問に答える形式。特徴は新たに図表が与えられ，先に放送された英文と無関係ではないものの，基本的には「別物」である，という点。「何についての図表なのか」と図表の「変化の方向性」（＝増えているのか減っているのか，など）を把握しておく。

While　把握したポイントに集中

After　選択肢×図表×聞き取りの記憶を最終照合

　リスニング問題である以上，聞き取りが重要なのは当然だが，**この設問は「読解問題的要素」がかなり強くなっている**。「新たな図表を与えてそれについて解答させる」という設問デザインである以上，これは必然である。したがって，**最後に重要なのは，聞き取りの記憶を振り返りつつ，選択肢と図表を丁寧に照合する作業**だ。① complex manual work はグラフからあまり減少していないことがわかる。また講義の続きでも「型通りの仕事をする労働者 (routine workers) とは異なる」と言っていることから，「技術革新で自動化される」わけではない。② STEM 分野の職業については，最初の講義の第1段落で 200 万人分の職が増えるだろう」とあるので矛盾する。③講義やワークシートの表から，mental work も robot や AI に取って代わることがわかるが，肉体労働も減少することから，mental work が「もっとも割合を減らす」とは言えない。④ complex manual workers の例として調理師や農家が挙げられているが，これらは肉体労働である。グラフでは complex manual work はほとんど減少しないことがわかる。肉体労働のすべてが robot や AI に取って代わるわけではないから，これが講義やグラフの内容と一致する。

スクリプト

Let's take a look at the graph of future job changes. Complex manual workers, like cooks and farmers, are different from routine workers in factories and offices. Creative workers include artists and inventors. So, what can we learn from all this?

将来の職業の変化のグラフを見てみましょう。調理師や農家といった複雑な手作業従事者は，工場や事務所で型通りの仕事をする労働者とは異なります。創造的な労働者は芸術家や発明家を含んでいます。では，これらのことから何がわかるでしょうか。

設問

問2　| 35 |

① Complex manual work will be automated thanks to the technological revolution.
② Jobs in the STEM fields will not increase even though they require creative work.
③ Mental work will have the greatest decrease in percentage.
④ Not all physical work will be replaced by robots and AI.

問2　| 35 |

① 複雑な手作業は，技術革新のおかげで自動化されるだろう。

② STEM分野の職は創造的な仕事が必要であるにもかかわらず増えないだろう。

③ 精神労働は最も割合が下がるだろう。

④ 肉体労働のすべてがロボットやAIに取って代わられるわけではない。

2
Section 2
第4・5問

状況

　あなたはアメリカの大学で，環境問題についての講義を，ワークシートにメモを取りながら聞いています。

ワークシート

Illuminated Nets: A solution for a serious problem in the fishing industry

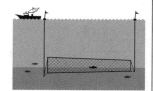

○ **Gillnets are** 　25　 .
・ They can cause large amounts of bycatch.

○ **Bycatch results in damage to marine** 　26　 **and the** 　27　 .

○ **A Theory about Eyesight in Marine Animals**

Food fish	For traveling and 　28
Bycatch (animals)	For 　29　 , navigating and reproducing

問1　ワークシートの空欄　25　に入れるのに最も適切なものを，四つの選択肢 (⓪ ～ ④) のうちから一つ選びなさい。

⓪　too costly for commercial fishing boats

①　used only by traditional fishers in some small communities

②　simple to use and not too expensive

③　the best way to protect many marine animals

問2～5　ワークシートの空欄 26 ～ 29 に入れるのに最も適切な
　　　ものを，六つの選択肢 (⓪～⑥) のうちから一つずつ選びなさ
　　　い。選択肢は2回以上使ってもかまいません。

　　① avoiding attack　　② ecosystem　　③ fishing net
　　④ hunting　　　　　　⑤ protection　　⑥ research

問6　講義の内容と一致するものはどれか。最も適切なものを，四つの選
　　択肢 (⓪～④) のうちから一つ選びなさい。 30

　　① Bycatch is a way to preserve local marine environments from
　　　overfishing.
　　② Fishers are profiting from bycatch because they can't catch
　　　enough food fish.
　　③ Lights are used to keep food fish away from fishing boats.
　　④ The use of illuminated nets reduced both work time and fuel
　　　costs.

問7 講義の続きを聞き，**次の図から読み取れる情報と講義全体の内容か**
らどのようなことが言えるか，最も適切なものを，四つの選択肢 (①
～ ④) のうちから一つ選びなさい。 31

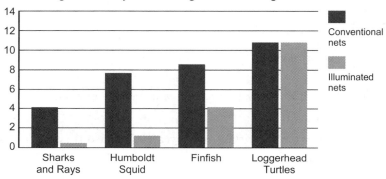

Kilograms of Bycatch Caught Per Fishing Net

① Bycatch, such as sharks and rays, should be sold to communities
with less money.

② The problem is that the illuminated nets that prevent bycatch of
animals such as humboldt squid and finfish are too expensive.

③ Some fishing communities should rely more on commercial
fishing companies.

④ The illuminated fishing nets should be used to save loggerhead
turtles.

One Point アドバイス

イメトレに最適な素材の２問目。例題に比べて＜やや難＞のレベルである。基本的な流れは例題と同様だが，**問6**の選択肢に関する内容が広範囲に散らばっているため，1回のリスニングでは捉えにくい特徴がある。繰り返しイメトレすると効果大。

解答

問1 | 25 | ③　問2 | 26 | ②　問3 | 27 | ③　問4 | 28 | ①

問5 | 29 | ④　問6 | 30 | ④　問7 | 31 | ②

解説

問1 ➡キーワード検索

Before　メモ・ワークシートを完全把握

　gillnets とはおそらく漁で使う網のことだろう（問題の挿し絵からも推測できる）。その特徴を問う問題なので，選択肢から「費用がかかりすぎる」「伝統的な漁師だけ」「使いやすい・高すぎない」「動物保護に最適」をチェック。

While　設問ごとに「切り替え」を意識

After　聞き取りの記憶を最終確認

　冒頭ではっきり「gillnets（刺し網）は使いやすくて価格が手頃です」と述べられているのが聞こえる。正解は③。

問2～5 ➡順序整理問題

Before　メモ・ワークシートを完全把握

　ワークシートから | 26 | と | 27 | を含む文は「被害」について述べていることがわかる。同様に | 28 | と | 29 | は「視力」についての表を完成させればよい。**問1**の解答情報が出てきたらすぐにアタマを切り替える，を意識しておく。

While　設問ごとに「切り替え」を意識

After　聞き取りの記憶を最終確認

■ | 26 | · | 27 |

問1を終了して間もなく，まずは | 26 | と | 27 | に関する解答情報が現れる。「これ（＝刺し網による混獲）は生態系にとってひどく悪いものであり，漁師にとっては犠牲の大きいものです。つまり，混獲された動物は大きくて重いことが多いため，刺し網が損傷します」と述べられている。この内容から | 26 | に②，| 27 | に③をそれぞれ入れればよい。

■ | 28 | · | 29 |

| 26 | と | 27 | が解決すると，LED ライトを使った漁について話が進む。聞きながら | 28 |，| 29 | を待ち構えると，やがて視力についての話が始まり，food fish（食用魚）が登場する。「食用魚は通常，回遊したり，密集した群れで別の場所に移動したり，時には攻撃を回避するために目を使います」と述べられ，そこに「攻撃の回避」が挙がっていることから | 28 | には①を入れる。そして，food fish の話が終わるとすぐ次にbycatch が現れ，「混獲種は主に目を使って狩りをしたり，移動する方向を決めたり，繁殖したりする海洋生物で構成されています」と述べられる。「移動」「繁殖」は空所の後ろに挙がっているので，| 29 | の正解は④になる。

問6 ➡キーワード検索

Before メモ・ワークシートを完全把握

「結論」を答える問題。「細部」は正解に無関係であり，講義「全体」を最も反映した選択肢が正解となるので，**Before** のプロセスとしては，問1〜5に備えるだけで十分。

While 設問ごとに「切り替え」を意識

After 聞き取りの記憶を最終確認

問2〜5が解決したらすぐにアタマを切り替える。するとすぐに，「その他（ライトを施した網の使用）の利点は，より軽量なため，漁師が網をはるかに迅速に回収できたことです。このため燃料費の削減になりました。混獲種と食用魚を選別する必要がなかったため，時間も節約できました。」と述べられている。これが根拠となって，④が正解。

〈その他の選択肢〉

①は Bycatch（混獲）の定義 は Gillnets（刺し網）の直後で述べられる。Bycatch is the term we use to talk about animals that are caught in fishing nets by accident. より，不正解。

②は，Bycatch の説明のあとに「漁師にとっては犠牲の大きいものです」と述べられていることから，不正解。

③は，問 2～5 の 28 ，29 の解答情報を待ち構える際に「最近，漁業者は混獲を減らす方法を試しています。成功したアイデアのうちの 1 つは網を照らすためのライトを使うことです」と述べられていたことから，ライトは食用魚を遠ざけるのではなく，全体の混獲を減らすためであることがわかるので，不正解である。

スクリプト

Today we'll look at an important issue in the fishing industry. Commercial fishing boats around the world rely on a type of fishing net called gillnets. Gillnets are easy to use and affordable. There's one big disadvantage. Gillnets trap a lot of bycatch. Bycatch is the term we use to talk about animals that are caught in fishing nets by accident. Fishers who are trying to catch food fish often also catch other animals, such as sharks, rays, and turtles, in their nets.

This is terrible for the ecosystem and costly for fishers. In other words, bycatch damages the gillnets because bycatch animals are often big and heavy, and this makes it more difficult to pull the nets from the sea.

今日は，漁業における重要な問題を見ていきます。世界中の商用漁船は，刺し網と呼ばれる漁網の一種に依存しています。刺し網は使いやすく，手頃な価格です。大きな欠点が 1 つあります。刺し網は多くの混獲を起こしてしまいます。混獲とは，漁網に偶然に捕獲された動物について言うために使用する用語です。食用魚を捕まえようとしている漁師は，サメ，エイ，カメなどの他の動物も網で捕まえることがよくあります。

これは生態系にとってひどく悪いものであり，漁師にとっては犠牲の大きいものです。つまり，混獲された動物は大きくて重いことが多く，そのため海から網を引き上げるのがより困難になり，刺し網が損傷してしまうのです。

Recently, fishers have been experimenting with ways to reduce bycatch. One successful idea is using lights to illuminate the nets. Fishers experimented by using 14 nets illuminated with green LED lights alongside 14 nets with no illumination. Bycatch was reduced by as much as 95 percent in some cases.

Interestingly, the lights did not affect the number of food fish that were caught. Scientists came up with a theory to explain why certain species were able to avoid the nets. The visual capacity of fish can vary depending on the species and the age of the fish. Food fish typically use their eyes to migrate or travel to different places in tight groups and occasionally to avoid attack. They don't need their vision to be as highly developed as bycatch species. Bycatch mainly comprises marine creatures that use their eyes to hunt, navigate, and reproduce.

Other benefits were that the fishers were able to bring in their nets much faster because they were lighter. This meant reduced fuel costs. They saved time, too, because they didn't need to sort the bycatch from the food fish. Unfortunately, the financial cost of illuminating fishing nets is too high

最近，漁業者は混獲を減らす方法を試しています。成功したアイデアのうちの1つは，網を照らすためのライトを使うことです。漁師は緑色の LED ライトを施した14の網と一緒に，ライトを施していない14の網を使用して実験を行いました。場合によっては，混獲が95％も減少しました。

興味深いことに，ライトは捕獲した食用魚の数に影響を与えませんでした。科学者たちは，特定の種が網を避けることができた理由を説明する理論を見つけ出しました。魚の視覚能力は，魚の種類や年齢によって異なります。食用魚は通常，回遊したり，密集した群れで別の場所に移動したり，時には攻撃を回避するために目を使います。混獲種のように視覚が高度に発達している必要はありません。混獲種は主に，目を使って狩りをしたり，移動する方向を決めたり，繁殖したりする海洋生物で構成されています。

その他の利点は，より軽量なため，漁師が網をはるかに迅速に回収できたことです。このため燃料費の削減になりました。混獲種と食用魚を選別する必要がなかったため，時間も節約できました。残念ながら，海に依存している地域の多くの漁師にとって，漁網にライトを施す経済的コストは高すぎます。今こそ政府による財政支援が必要

for many fishers in communities that depend on the sea. Now financial support by the government seems necessary.

なようです。

設問

問 1　| 25 |

① too costly for commercial fishing boats
② used only by traditional fishers in some small communities
③ simple to use and not too expensive
④ the best way to protect many marine animals

問 1　| 25 |

① 商業漁船には高すぎる
② いくつかの小さな地域で古くからの漁師だけに使用されている
③ 使いやすくて高すぎない
④ 多くの海洋動物を保護する最善の方法である

問 2 ～5　| 26 |～| 29 |

① avoiding attack
② ecosystem
③ fishing net
④ hunting
⑤ protection
⑥ research

問 2 ～5　| 26 |～| 29 |

① 攻撃の回避
② 生態系
③ 漁網
④ 狩り
⑤ 保護
⑥ 調査

問 6　| 30 |

① Bycatch is a way to preserve local marine environments from overfishing.
② Fishers are profiting from bycatch because they can't catch enough food fish.
③ Lights are used to keep food fish away from fishing boats.

問 6　| 30 |

① 混獲とは，地元の海洋環境を乱獲から保護する方法だ。
② 漁師は十分な食用魚を捕獲することができないため，混獲から利益を得ている。
③ ライトは食用魚を漁船から遠ざけるために使用されている。

④ The use of illuminated nets reduced both work time and fuel costs.

④ ライトを施した網の使用により，作業時間と燃料費の両方が削減された。

ライトを施した網：漁業における深刻な問題の解決策

○**刺し網は** | 25 | .
・刺し網は大量の混獲を引き起こす可能性がある。

○**混獲は海洋** | 26 | **と** | 27 | **に被害をもたらす。**

○**海洋動物の視力に関する理論**

食用魚	移動と	28	のため
混獲種（動物）		29	と移動と繁殖のため

Words & Phrases

□ commercial 形 商業〔商売〕（用）の

□ rely on ～ ～を頼り〔当て〕にする

□ gillnet 名 刺し網 ※目標とする魚種が遊泳・通過する場所を遮断するように網を張り，その網目に魚の頭部を入り込ませることによって漁獲するための漁網。

□ bycatch 名 混獲 ※（定置網などで）漁獲の対象とされている魚に混じって他種の魚も漁獲されること。

□ ray 名 エイ

□ ecosystem 名 生態系

□ alongside 　前 ～と並行して

□ come up with ～　～を思いつく；～を考え出す

□ depending on ～　～に応じて

□ migrate 　自 回遊する

□ occasionally 　副 時には，たまに

□ **問6** ① overfishing 　名 魚の乱獲

 問7

Before **新たに与えられた図表を完全把握**

　グラフのタイトルは「漁網あたりの混獲重量（キログラム）」であり，「ライトを施した網」と「従来型の網」を使用した際の混獲重量の違いを混獲種別に表している。これを確認。

While **把握したポイントに集中**

After **選択肢×図表×聞き取りの記憶を最終照合**

　グラフによると，アカウミガメ以外のサメやエイ，アメリカオオアカイカ，ヒレのある魚の混獲量は，ライトを施した網を使用した際に激減している。つまり，ライトを施した網は混獲を減らすことに効果的であることが読み取れる。しかし，講義で「海に依存している地域の多くの漁師にとって，漁網にライトを施す経済的コストは高すぎます。今こそ政府による財政支援が必要なようです」と述べられていたことから，これらを短くまとめた内容である②が正解。

〈その他の選択肢〉

①は，講義中にこのような内容は述べられておらず，グラフからも読み取れないので不正解。

③は，講義で商業漁業会社ではなく，政府が財政支援すべきだと述べているので不正解。

④は，グラフからアカウミガメの混獲量はライトを施した網を使用しても減らないことが読み取れるので，不正解。

There are several ways to reduce bycatch. Look at this graph. It shows the effect of illuminating commercial fishing nets in reducing certain types of bycatch. What suggestion could we make?

混獲を減らす方法はいくつかあります。このグラフを見てください。これは，特定の種の混獲を減らす上で，ライトを施している商業用漁網の効果を示しています。どのような提案ができるでしょうか。

設問

問7 　31

① Bycatch, such as sharks and rays, should be sold to communities with less money.

② The problem is that the illuminated nets that prevent bycatch of animals such as humboldt squid and finfish are too expensive.

③ Some fishing communities should rely more on commercial fishing companies.

④ The illuminated fishing nets should be used to save loggerhead turtles.

問7 　31

① サメやエイなどの混獲種は，資金の少ない地域で販売すべきだ。

② 問題は，アメリカオオアカイカやヒレのある魚などの動物の混獲を防ぐライトを施した網が高すぎることだ。

③ 一部の漁業地域は商業漁業会社にもっと頼るべきだ。

④ ライトを施した漁網は，アカウミガメを救うために使用されるべきだ。

Words & Phrases

□ suggestion 图 提案
□ グラフ conventional 形 従来型の
□ グラフ humboldt squid 图 アメリカオオアカイカ
□ グラフ finfish 图 ヒレのある魚
□ グラフ loggerhead turtle 图 アカウミガメ

☑ POINT　キーワード検索・図表完成問題

Before　メモ・ワークシートを完全把握

While　設問ごとに「切り替え」を意識

After　聞き取りの記憶を最終確認

☑ POINT　照合問題

Before　新たに与えられた図表を完全把握

While　把握したポイントに集中

After　選択肢×図表×聞き取りの記憶を最終照合

■セクションの概要

第6問はA，Bとも議論を聞き取って発言者の意見を正しく理解できているかを問う問題です。ただし，「一語一句を漏らさず聞き取る」ことを目的としたものではなく，発言者の意見について「要旨」と「主たる根拠」の2つの要素が聞き取りの対象になります。その意味では，かなり詳細な情報把握が必要な第5問に比べて難易度はやや低いと言えます。実際に受験生の得点率を比較しても，第6問は確実に第5問を上回っています。「議論」とはすなわち「対話」であり，「要旨」とは「結論」であることを考えれば，第6問は第3問の対話問題を大幅にボリュームアップさせたものとも言えるでしょう。

□読み上げられる英語

A，Bともあらかじめ決まったテーマに沿ってすべての参加者の主張とその根拠が提示される議論形式。Aは2人による議論で合計160語程度，Bは4人による議論で語数は220語程度で構成される。

□設問

第6問A　一般型

問1：1人の主張そのもの，またはそこから類推される事柄を答える。

問2：もう1人について問う設問。

第6問B　共テ型(照合問題)

問1：4人の主張を照合し，賛否の立場を問う。

問2：新たに与えられる図表を照合し，4人のうち特定の1人の主張内容を支持するものを選ぶ。

□注意点

論点が明確であることから，議論の流れ自体を見失うことはなく，その意味でも Section 2 の問題文と比べて「全体」を把握しやすい。したがって，要求される「細部」の情報，つまりはＢの「特定の１人の発言」に十分な注意を払うことを怠らなければ，このセクションは確実な得点源にすることができる。

■ハイスコア獲得の演習法

160 語あるいは 220 語という長さは，第５問で読み上げられる講義よりもかなり短いものだが，議論という形式から次々に発言者が入れ替わるところに大きな違いがある。「これは誰」「これは誰」と，発言者とその発言主旨とを常に照らし合わせて聞く必要があり，聞き取り作業自体に情報の照合作業が要求されることになる。この，第５問とはまったく違った聞き取りのリズムに慣れることが初期の対策の最重要ポイント。まずはいくつかの問題（例題・類題・ハイスコア模試で OK）でそのリズムを体にしっかり覚えこませよう。

■ハイスコアの核心

Before 「眼」のプロセス：選択肢を「プラス or マイナス＋キーワード」に整理

話題に対して2人の話者がどんな立場であるかを聞き取るわけだから，**基本はまず「賛成 or 反対」の把握**であり，それに「なぜ」が加わる。これを聞き取る上で **Before** のプロセスで大いに役に立つのが選択肢。**各選択肢が話題に対してプラスイメージなのかマイナスイメージなのかは読めばわかるし，「なぜ」についても用いられている具体的な言葉で明らかになる。** これをキーワードとして事前に整理しておくことで，対話の把握は格段に容易になる。

While 「耳」のプロセス：①「プラス」「マイナス」＆②キーワードをキャッチ

選択肢に目を向けながら，**キーワードよりもむしろ「プラス」なのか「マイナス」なのかに意識を集中して耳を傾ける。** キーワードを過剰に意識して「全体」を聞き損なうことの方が危険なので要注意。

After 「頭」のプロセス：選択肢を「勘違い」しないよう注意

これまでのいくつかの問題同様，「勘違い」が起きやすいタイプなので，聞き取りの記憶と各選択肢の内容を慎重に照合すること。

第6問Aは問1・問2の2問です。二人の対話を聞き，それぞれの問い
の答えとして最も適切なものを，四つの選択肢 $\left(0 \sim 4\right)$ のうちから一
つずつ選びなさい。（問いの英文は書かれています。）**1回流します。**

状況

　二人の大学生が，ゲーム（video games）について話しています。

問1　**What is Fred's main point?**　　[36]

① Video games do not improve upper body function.

② Video games do not represent the actual world.

③ Video games encourage a selfish lifestyle.

④ Video games help extend our imagination.

問2　**What is Yuki's main point?**　　[37]

① It's necessary to distinguish right from wrong in video games.

② It's wrong to use smartphones to play video games.

③ Players can develop cooperative skills through video games.

④ Players get to act out their animal nature in video games.

One Point アドバイス

第6問を攻略するにはAの「基本問題」，つまり「プラス or マイナス＋キーワード」がしっかり現れる問題から演習を重ねることが重要。初期の対策に最適な1問だ。

解答

問1 | 36 | ② 　問2 | 37 | ③

解説

問1

Before 　選択肢を「プラス or マイナス＋キーワード」に整理

① 「マイナス」＋「上半身」
② 「マイナス」＋「現実世界」
③ 「マイナス」＋「自分勝手」
④ 「プラス」＋「想像力」

While 　①「プラス」「マイナス」＆②キーワードをキャッチ

Fred (2): I know it's <u>fun</u>; it enhances <u>hand-eye coordination</u>.

　　　　➡「プラス」＋「手と目」…①は不正解，を聞き取る。

Fred (3): ... <u>The real world</u> is not so black and white.

　　　　➡「マイナス」＋「現実世界」…②が正解，を聞き取る。

After 　選択肢を「勘違い」しないよう注意

フレッドは，①2つ目の発言で hand-eye coordination（手と目の連携・反射神経）を増幅すると言っているが，「上半身」については語っていない。②3つ目の発言で，「現実の世界」はゲームの敵味方のように白黒はっきりしていないと言っている。また，その次の発言でもゲームでのチームワーク構築は「現実とは違う」と言っている。これが正解。③「自分勝手」な生き方や④「想像力」については言及していない。

※ Fred (2) など名前の後のカッコ内の数字は発言順を表す。
例) Fred (2) は Fred の2つ目の発言。

140

問2

① 「？」＋「善悪の区別」

② 「マイナス」＋「スマホゲーム」

③ 「プラス」＋「協力」

④ 「？」＋「動物的な性質（？）」

…「プラス」「マイナス」がはっきりしない時は判断を保留する。無理に決めつけないよう注意。

While ①「プラス」「マイナス」＆②キーワードをキャッチ

Yuki (1): Yeah, what's wrong with playing video games, Fred?

➔ 「プラス」…②は不正解，を聞き取る。

Yuki (3): ... But we learn how to build up teamwork with other players online. ➔ 「プラス」＋「協力」…③が正解，を聞き取る。

After 選択肢を「勘違い」しないよう注意

① 「ゲーム上で善悪を区別することや白黒をはっきりさせる」ことについてフレッドは批判しているが，ユキは自分の意見を述べていないので誤り。④ユキの２つ目の発言に「暴力的すぎる」，「反社会的行動を助長する」と animal nature と思われる表現もあるが，これはユキ本人の主張ではないので誤り。

スクリプト

Fred : Are you playing those things again on your phone, Yuki?

Yuki : Yeah, what's wrong with playing video games, Fred?

Fred : Nothing. I know it's fun; it enhances hand-eye coordination. I get that.

Yuki : Oh, then you're saying it's too violent; promotes antisocial behavior —— I've heard that before.

フレッド：ユキ，君はまたスマホでそんなものをプレーしているの？

ユキ：ええ，ゲームをやることの何が悪いの，フレッド？

フレッド：何も。おもしろいってことは知っているよ。反射神経も鍛えられるしね。それはわかっているよ。

ユキ：じゃあ，暴力的すぎるって言いたいの。反社会的な行動を助長する——前にそう聞いたことがあるよ。

Fred : And, not only that, those games divide everything into good and evil. Like humans versus aliens or monsters. The real world is not so black and white.

Yuki : Yeah.... We are killing dragons. But we learn how to build up teamwork with other players online.

Fred : Building up teamwork is different in real life.

Yuki : Maybe. But still, we can learn a lot about how to work together.

Fred : Well, I'll join you when you have a game that'll help us finish our homework.

フレッド：それだけじゃないよ。その手のゲームはすべてを善と悪に分けてしまう。人類対エイリアンとかモンスターとか。現実の世界はそんなに白黒はっきりしないよ。

ユキ：ええ，今ドラゴンを殺しているところ。でも，私たちはオンラインで他のプレーヤーとチームワークを築き上げる方法を学んでいるよ。

フレッド：チームワークを築き上げることは現実の生活では違うよ。

ユキ：かもね。でも一緒に作業することについてはたくさん学ぶことができるわよ。

フレッド：そうだね。僕らが宿題を終わらせるのを手伝ってくれるゲームがあれば，参加するよ。

設問

問 1　What is Fred's main point?

　36

① Video games do not improve upper body function.

② Video games do not represent the actual world.

③ Video games encourage a selfish lifestyle.

④ Video games help extend our imagination.

問 1　フレッドの発言の要点は何か。

　36

① ゲームは上半身の機能を増進させない。

② ゲームは現実の世界を表したものではない。

③ ゲームは自分勝手な生き方を助長する。

④ ゲームは我々の想像力を広げる助けになる。

142

問2　What is Yuki's main point?

| 37 |

① It's necessary to distinguish right from wrong in video games.

② It's wrong to use smartphones to play video games.

③ Players can develop cooperative skills through video games.

④ Players get to act out their animal nature in video games.

問2　ユキの発言の要点は何か。

| 37 |

① ゲームでは正誤を見分けることが必要だ。

② ゲームをするためにスマホを使うのは間違っている。

③ ゲームを通して，プレーヤーは協力する技能を高めることができる。

④ プレーヤーはゲームで自分の動物的な性質をあらわにするようになる。

| Words & Phrases |

□ divide A into B and C　AをBとCに分ける；分割する

□問2 ① distinguish A from B　AとBを区別する

□問2 ④ get to *do*　…するようになる

> <u>状況</u>
>
> 　二人の大学生が，高齢のドライバー（senior drivers）の問題について話しています。

問1　What is Brad's main point?　　32

① Senior drivers should use other means for shopping.

② Senior drivers should not go shopping often.

③ Senior drivers should exercise more to drive safely.

④ Senior drivers should drive themselves to maintain health.

問2　What is Yumi's main point?　　33

① It's necessary for the elderly to enjoy walking more.

② It's wrong to stop senior citizens from driving.

③ Automatic braking systems should be installed soon.

④ Self-driving cars will increase the fun of driving.

One Point アドバイス

「プラス or マイナス」もキーワードも，言葉通りにはっきり現れるわけではない。「このセリフとこのセリフとこのセリフで言っていることをひと言にまとめれば」という捉え方が必要となる良問。

解答

問1 　32 　①　問2 　33 　②

解説

問1

Before 選択肢を「プラス or マイナス＋キーワード」に整理

「高齢者」と「運転」について，各選択肢の「プラス or マイナス＋キーワード」は，下記の通り。

① 「マイナス」＋「買い物に別手段を」

② 「マイナス」＋「買い物の頻度を下げる」

③ 「？」＋「もっと運動を」

④ 「プラス」＋「健康維持のため」

While ①「プラス」「マイナス」＆②キーワードをキャッチ

Brad (2): … He should have stopped driving.

➡「マイナス」＋「運転をやめるべき」…④は不正解，を聞き取る。

Brad (3): … They should improve those services where travelling sales vehicles come to you. ➡「マイナス」＋「移動販売」

Brad (4): Then how about teaching seniors how to order things online?
➡「マイナス」＋「ネット通販」

Brad (5): Then what about self-driving cars? …
➡「マイナス」＋「自動運転車」

After 選択肢を「勘違い」しないよう注意

「移動販売」「ネット通販」「自動運転車」は要するに「別手段」であり，①が正解。

2

Section 3

第6問

145

問2

Before 選択肢を「プラス or マイナス＋キーワード」に整理

問1と同様、「高齢者」と「運転」について、下記を示している。

① 「マイナス」＋「歩くのを楽しむ」

② 「プラス」＋「やめさせるのは間違い」

③ 「？」＋「自動ブレーキ」

④ 「プラス」＋「自動運転車」

While ①「プラス」「マイナス」＆②キーワードをキャッチ

Yumi (2): But it's difficult for seniors to go shopping on foot.

➡「プラス」＋「徒歩は難しい」…①は不正解、を聞き取る。

Yumi (3): ... People should be able to have fun choosing what they want to buy.

➡「プラス」＋「買いたいものを選べる楽しみを持つべき」

Yumi (4): ... We shouldn't take the enjoyment of driving away from them.

➡「プラス」＋「楽しみを奪うべきではない」

After 選択肢を「勘違い」しないよう注意

「歩いて買い物に行けない」「買いたいものを選べる楽しみを持つべき」「楽しみを奪うべきではない」ということは要するに車の運転を「やめさせるのは間違い」ということなので、②が正解。「自動ブレーキ」や「自動運転車」といった、特定の装備などを条件にした話をしているわけではないので、③と④は誤り。

スクリプト

Brad : There was another accident involving a senior driver in a supermarket parking lot.

Yumi : He must have accidentally stepped on the gas instead of the brake pedal.

Brad : An 82-year-old has neither the eyesight nor the physical ability necessary for driving.

ブラッド：スーパーの駐車場で、高齢のドライバーが関わった事故がまたあったんだ。

ユミ：誤って、ブレーキペダルではなくアクセルを踏んだに違いないわ。

ブラッド：82歳のお年寄りには、運転に必要な視力も身体能力もない。運転をやめるべきだったのに。

He should have stopped driving.

Yumi : But it's difficult for seniors to go shopping on foot.

Brad : They should improve those services where travelling sales vehicles come to you.

Yumi : There's a limit to how many items those services can carry, right? People should be able to have fun choosing what they want to buy.

Brad : Then how about teaching seniors how to order things online?

Yumi : Many people also think of their cars as lifetime partners. We shouldn't take the enjoyment of driving away from them.

Brad : Then what about self-driving cars? Driving could put other people in danger, you know.

ユミ：でも，高齢者が徒歩で買い物に行くのは難しいわ。

ブラッド：移動販売車が来てくれるようなサービスを向上させるべきだな。

ユミ：そういうサービスで運べる品数には限りがあるんじゃない？人は買いたいものを選べる楽しみを持つべきよ。

ブラッド：じゃあ，高齢者にオンラインでの注文方法を教えるのはどう？

ユミ：多くの人が車を生涯のパートナーとも思っているの。彼らから運転する楽しみを奪うべきではないわ。

ブラッド：じゃあ，自動運転車はどうかな？運転すると他人を危険にさらしかねないよね？

設問

問1 What is Brad's main point?

32

① Senior drivers should use other means for shopping.

② Senior drivers should not go shopping often.

③ Senior drivers should exercise more to drive safely.

④ Senior drivers should drive themselves to maintain health.

問1 ブラッドの論点は何か。

32

① 高齢ドライバーは他の買い物手段を取った方がいい。

② 高齢ドライバーは頻繁に買い物に行かない方がいい。

③ 高齢ドライバーは安全運転のために運転をもっとした方がいい。

④ 高齢ドライバーは健康維持のため自分で運転した方がいい。

問2 What is Yumi's main point?

33

① It's necessary for the elderly to enjoy walking more.

② It's wrong to stop senior citizens from driving.

③ Automatic braking systems should be installed soon.

④ Self-driving cars will increase the fun of driving.

問2 ユミの論点は何か。

33

① 高齢者はもっと歩くことを楽しむ必要がある。

② 高齢者に運転をやめさせるのは間違いである。

③ 自動ブレーキシステムをすぐに導入すべきだ。

④ 自動運転車は運転をもっと楽しくする。

| Words & Phrases |

□ involve 他 〜を関係させる

□ step on the gas （車の）アクセルを踏む

□ travelling sales vehicle 移動販売車

☑ POINT

Before 選択肢を「プラス or マイナス＋キーワード」に整理

While ①「プラス」「マイナス」＆②キーワードをキャッチ

After 選択肢を「勘違い」しないよう注意

■ハイスコアの核心

Before　「眼」のプロセス：①「理由」まで聞き取る必要があるのは誰か？
&②図表・イラストの「タイトル」は？，の2点を把握

　状況説明と登場人物を一通り確認するのは当然だが，この問題では，**4人
のうち特定の1人の「意見をサポートする」図表やイラストに書かれた
タイトルをチェックしておくことが重要**だ。あらかじめ，「誰の」「どんな
内容の話」が現れたら特に注意が必要なのかを確認しておくことで，1度
しかない放送にも対応することが可能になる。

While　「耳」のプロセス：①1人ずつ主張の「プラス」「マイナス」をキャッ
チ&②「特定の1人」の声を把握

　聞き取りの基本姿勢は第6問Aと同じ。話題に対する4人の意見は必ず
何らかの対立構造になっているため，選択肢に目を向けながら，**話題に対
する一人ひとりの主張が「プラス」なのか「マイナス」なのかを拾うこと
を意識して耳を傾ける**。細部に意識を集中させすぎて「全体」を聞き損な
うことのないよう注意する。ただし，「特定の1人」についてはプラス・
マイナスだけでなくその「根拠・理由」も必要となるため，ある程度キー
ワード的なものを拾っていく必要がある。したがって，**「どの声を丁寧に
追えばいいのか」を最初の発言で把握しなければならない**。放送開始と同
時にこのことを強く意識して聞き取りに臨むこと。

After　「頭」のプロセス：①4人の「プラス」「マイナス」を照合&②「根
拠」とグラフを照合

　最後は4人のプラス・マイナスを照合させることと，「特定の1人」の主
張の根拠を図表と照らし合わせるだけだ。つまり，2問の照合問題，これ
がこの問題の正体であり，2人それぞれを別々に把握させる第6問Aとの
違いということになる。言葉で説明すると難しそうに感じるかもしれない
が，**Before** と **While** のプロセスに十分慣れさえすれば，この問題の
ハードルはそれほど高くはない。

┌───
│ **例題** 📢 38-39
└─

第6問Bは問1・問2の2問です。英語を聞き，それぞれの問いの答えとして最も適切なものを，選択肢のうちから選びなさい。**1回流します。**

状況

Professor Johnson がゲーム（video games）について講演した後，質疑応答の時間がとられています。司会（moderator）が聴衆からの質問を受け付けています。Bill と Karen が発言します。

問1 四人のうち，ゲームに反対の立場で意見を述べている人を，四つの選択肢（①〜④）のうちから**すべて選びなさい。** 38

① Bill
② Karen
③ Moderator
④ Professor Johnson

問2 Professor Johnson の意見を支持する図を，四つの選択肢 $\left(① \sim ④ \right)$ のうちから一つ選びなさい。 39

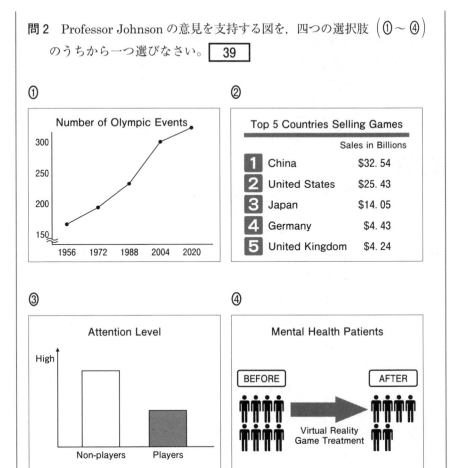

①

Number of Olympic Events

300
250
200
150

1956 1972 1988 2004 2020

②

Top 5 Countries Selling Games

Sales in Billions

1 China $32. 54
2 United States $25. 43
3 Japan $14. 05
4 Germany $4. 43
5 United Kingdom $4. 24

③

Attention Level

High

Non-players Players

④

Mental Health Patients

BEFORE AFTER

Virtual Reality
Game Treatment

One Point アドバイス

第6問Bの基本構成を理解するための1題。最初は1人ひとりの発言が長めで発言数が少なく，内容を把握しやすい問題。これを利用して「1人だけに集中し，あとの3人は表面だけを」同時に追いかけるイメージをつかむ練習をしたい。

解答

問1 **38** ① 問2 **39** ④

解説

Before ①「理由」まで聞き取る必要があるのは誰か？＆②図表・イラストの「タイトル」は？，の2点を把握

問1，問2あわせて確認する。ビル，カレン，司会者，教授の4人中，①「特定の1人」は Professor Johnson。②4つの図表のタイトルを「しっかり確認」して放送を待つ。

図表のタイトル

① 「オリンピックの競技種目数」
② 「ゲームの国別売上高トップ5」
③ 「注意力のレベル」
④ 「メンタルヘルスの患者数」

問1

While 1人ずつ主張の「プラス」「マイナス」をキャッチ

Professor Johnson (1): Right. Playing video games <u>can make people less distracted</u>. Furthermore, virtual reality games have been known <u>to have positive effects on mental health</u>.

　　➡教授：「プラス」＝賛成

　　　　　⋮

Bill (1): ... I'm afraid gaming <u>can contribute to violent crimes</u>. Do you agree?

　　➡ビル：「マイナス」＝反対

　　　　　　　　　　　　　⋮

　カレン，司会者に「プラス」「マイナス」を示す発言がないことを確認する。

After　4人の「プラス」「マイナス」を照合

以上から，反対の立場はビルだけである。正解は①。

問2

While　「特定の1人」の声を把握

Professor Johnson の「根拠」

(1): ... Furthermore, virtual reality games have been known <u>to have positive effects on mental health</u>.

　　　➡「心の健康に好影響」

(3): ... In fact, as I said, <u>doctors are succeeding in treating patients with mental issues</u> using virtual reality games.

　　　➡「心の問題を抱えた患者の治療に成功」

After　「根拠」とグラフを照合

Professor：主張＝「賛成」，根拠＝「心の健康に好影響」，を聞き取る。④の図は仮想現実のゲームによる治療で患者が減少していることを表しているから，教授の意見の裏付けとなり，これが正解である。

【スクリプト】

Moderator: Thank you for your presentation, Professor Johnson. You spoke about how one boy improved his focus and attention through video games.

Professor Johnson: Right. Playing video games can make people less distracted. Furthermore, virtual reality games have been known to have positive effects on mental health.

司会：ジョンソン教授，ご発表ありがとうございました。ある少年がゲームを通してどのように集中力と注意力を向上させたかについてお話しいただきました。

ジョンソン教授：その通りです。ゲームをすることは，人々の気が散るのを減らすことができます。さらに仮想現実（バーチャルリアリティ）のゲームは心の健康によい効果をもたらすことも知られてい

Moderator: OK. Now it's time to ask our audience for their comments. Anyone ...? Yes, you, sir.

Bill: Hi. I'm Bill. All my friends love video games. But I think they make too clear a distinction between allies and enemies ... you know, us versus them. I'm afraid gaming can contribute to violent crimes. Do you agree?

Professor Johnson: Actually, research suggests otherwise. Many studies have denied the direct link between gaming and violence.

Bill: They have? I'm not convinced.

Professor Johnson: Don't make video games responsible for everything. In fact, as I said, doctors are succeeding in treating patients with mental issues using virtual reality games.

Moderator: Anyone else? Yes, please.

Karen: Hello. Can you hear me? [tapping the microphone] OK. Good. I'm Karen from Detroit. So, how about eSports?

Moderator: What are eSports, Karen?

ます。

司会: わかりました。さて今度は会場の皆さんのご意見をうかがう時間です。どなたか…, はい, そこの男性の方。

ビル: こんにちは。ビルです。私の友人はみなゲームが大好きです。けれども, 彼らは敵味方の区別をつけすぎるように思います。…自分たちと自分たち以外といったような。ゲームをすることが暴力的な犯罪の一因になるのではないかと心配です。あなたもそう思いますか。

ジョンソン教授: 実は研究ではそれとは違う見解を示しています。多くの研究では, ゲームと暴力の直接的なつながりを否定しています。

ビル: そうなんですか。納得できません。

ジョンソン教授: 何もかもゲームのせいにしないでください。実際に, 申し上げたとおり, 仮想現実のゲームを使って心の問題を抱えた患者を治療することに医師たちは成功しているのです。

司会: ほかにいらっしゃいますか。はい, どうぞ。

カレン: こんにちは。聞こえますか。(マイクを軽くたたく) はい, いいようです。私はデトロイトのカレンです。eスポーツについてはどうですか。

司会: eスポーツとは何ですか, カレンさん。

Karen : They're video game competitions. My cousin made a bunch of money playing eSports in Germany. They're often held in large stadiums ... with spectators and judges ... and big awards, like a real sport. In fact, the Olympics may include eSports as a new event.

Moderator : ... eSports. Professor?

Professor Johnson : Uh-huh. There are even professional leagues, similar to Major League Baseball. Well, eSports businesses are growing; however, eSports players may suffer from health problems.

Moderator : I see. That's something to consider. But right now let's hear from [starts to fade out] another person.

カレン：ゲームの競技です。私のいとこは，ドイツでeスポーツをやって大金を稼ぎました。eスポーツはしばしば大きなスタジアムで開催されます。…観客や審判がいて，…大きな賞もあり，本物のスポーツのようです。実際，オリンピックでも新しいイベントとしてeスポーツが入るかもしれません。

司会：eスポーツですか。教授，いかがですか？

ジョンソン教授：はい，野球のメジャーリーグに似たプロリーグさえあります。ええ，eスポーツビジネスは成長していますが，eスポーツの選手は健康上の問題をわずらう可能性があります。

司会：わかりました。検討すべきものですね。しかし現時点ではほかの意見も…

Words & Phrases

☐ distracted 　形 注意が散漫な；取り乱した

☐ ally 　名 協力者；同盟国

状況

　理科の授業を受け終わった四人の友人（Daniel, Johnny, Nancy, Kumiko）が，次回の授業について話しています。

Daniel	
Johnny	
Nancy	
Kumiko	

問1　四人のうち動物の実際の解剖に**反対している**のは何人ですか。四つの選択肢 $\left(①\sim④\right)$ のうちから一つ選びなさい。　| 34 |

　①　1人
　②　2人
　③　3人
　④　4人

問2 会話を踏まえて，Nancy の考えの根拠となる図表を，四つの選択肢
（①～④）のうちから一つ選びなさい。 35

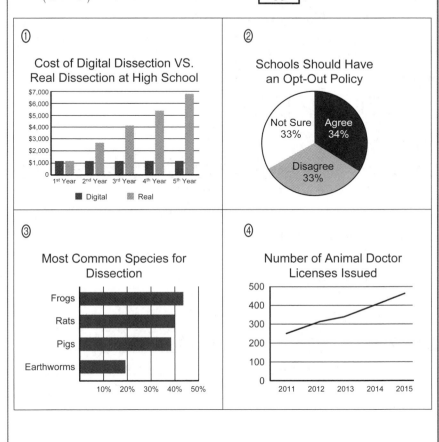

①

Cost of Digital Dissection VS. Real Dissection at High School

	1st Year	2nd Year	3rd Year	4th Year	5th Year

(棒グラフ: $7,000から$0まで、Digital と Real)

■ Digital ■ Real

②

Schools Should Have an Opt-Out Policy

(円グラフ)
- Not Sure 33%
- Agree 34%
- Disagree 33%

③

Most Common Species for Dissection

(横棒グラフ)
- Frogs
- Rats
- Pigs
- Earthworms

10% 20% 30% 40% 50%

④

Number of Animal Doctor Licenses Issued

(折れ線グラフ: 500から0まで)
2011 2012 2013 2014 2015

One Point アドバイス

設問の「聞き方」に違いがあるが，求められていることが同じであること
はわかるだろう。例題よりも1人ひとりの発言が短く，発言回数が多い。
つまり，それだけ「追いかけ」がハードになるため，例題に比べやや難。

解答

問1 | 34 | ② 　問2 | 35 | ①

解説

Before ①「理由」まで聞き取る必要があるのは誰か？＆②図表・イラスト
の「タイトル」は？，の2点を把握

ダニエル，ジョニー，ナンシー，クミコの4人が登場する。①「特定の1
人」は Nancy。これは**問2**の問題文からもわかる。②はタイトルがやや
難しいが，dissection は「解剖」だろうということは**問1**の問題文から推
測できる。4つのグラフを確認し，放送を待つ。

 問1

While 1人ずつ主張の「プラス」「マイナス」をキャッチ

Johnny (1): Yes, Daniel. It's a good chance to learn about anatomy.

➡ジョニー：「プラス」＝賛成

※2，3，5つ目の発言からもわかる。

⋮

Kumiko (1): Me, too. But cutting up animals is only useful for people
studying to be vets.

➡クミコ：「プラス」＝条件つきで賛成

⋮

Danniel (3): I don't want to do it, Nancy.

➡ダニエル：「マイナス」＝反対

※4，5つ目の発言からもわかる。

⋮

Nancy (3): It means people who, like me, don't want to do it, don't have to.

　　　➡ナンシー：「マイナス」＝反対

　　　※ 4，5 つ目の発言からもわかる。

After　4 人の「プラス」「マイナス」を照合

ダニエルは**動物の実際の解剖に反対**の立場である。ジョニーは**動物の実際の解剖に賛成**の立場であることがわかる。ナンシーは**動物の実際の解剖に反対**の立場である。クミコは 1 つ目の発言で実際の解剖は「獣医になる勉強をしている人々にとってのみ役に立つと思う」と述べていることから「**必ずしも反対ではない**」。明確に反対しているのはダニエルとナンシーの 2 人。正解は②。

問 2

While　「特定の 1 人」の声を把握

Nancy の「根拠」

(4): … The students cut open digital animals using a tablet computer. That is called a digital dissection.

　　　➡「デジタル解剖で OK」

(5): It saves a lot of money, too. They only need to buy the software once.

　　　➡「お金の節約にもなる」

After　「根拠」とグラフを照合

ナンシーの 5 つ目の発言「（デジタル解剖は）お金もたくさん節約できる」「ソフトウェアを購入する必要があるのは 1 回だけ」という意見に合致しているのは，①の「高校におけるデジタル解剖と実際の解剖のコスト」のグラフ。正解は①。②は「学校はオプトアウトの方針を採用すべきだ」というタイトルの円グラフ。賛成多数でないことからナンシーの「根拠」にならないので誤り。③ は「解剖のための最も一般的な種」，④ は「獣医免許発行数」というタイトルのグラフ。ナンシーはこれらについて発言していないため，③，④ とも誤り。

Daniel: I heard that we'll be cutting open frogs in our science class.

Johnny: Yes, Daniel. It's a good chance to learn about anatomy.

Daniel: OK, Johnny, but why can't we just watch a video?

Johnny: I always learn more from practical experience.

Kumiko: Me, too. But cutting up animals is only useful for people studying to be vets.

Johnny: Well, Kumiko. Someone might want to become an animal doctor after taking part in the class.

Kumiko: Johnny, people become animal doctors to help animals.

Nancy: Right, Kumiko. Not because they like cutting them open.

Daniel: I don't want to do it, Nancy.

Nancy: You don't have to. You can opt out.

Kumiko: What does "opt out" mean, Nancy?

Nancy: It means people who, like me, don't want to do it, don't have to.

ダニエル：僕は，理科の授業でカエルを解剖するって聞いたよ。

ジョニー：そうだよ，ダニエル。カエルの解剖は解剖学を学ぶよい機会だね。

ダニエル：そうだね，ジョニー，でもどうしてビデオを見るだけじゃだめなのかな。

ジョニー：僕はいつも実体験から多くを学んでいるよ。

クミコ：私も。でも，動物を解剖するのは，獣医になるための勉強をしている人々にとってのみ，役に立つと思うわ。

ジョニー：うーん，クミコ。その授業に参加した後に，獣医になりたいと思う人もいるかもしれないよ。

クミコ：ジョニー，人は動物を助けるために獣医になるのよ。

ナンシー：その通りよ，クミコ。人は動物を解剖することが好きだからではないわ。

ダニエル：僕は解剖をやりたくないよ，ナンシー。

ナンシー：する必要はないわ。あなたはオプトアウトできるのよ。

クミコ：ナンシー，「オプトアウト」はどんな意味？

ナンシー：私のように，やりたくない人はやらなくてもいいということよ。

Johnny: That sounds fair, doesn't it, Daniel?

Daniel: Of course, Johnny, but I don't agree with needlessly killing animals like mice, pigs, and rats in general.

Johnny: But Daniel, it's for education. Don't you think so, Nancy?

Nancy: Of course, but my brother's school has a digital dissection class. The students cut open digital animals using a tablet computer. That is called a digital dissection.

Kumiko: Really? That must save a lot of lives.

Nancy: It saves a lot of money, too. They only need to buy the software once.

Daniel: Good point, Nancy. I'm suggesting that to our teacher tomorrow.

Nancy: I'll come with you, Daniel.

ジョニー：それがよさそうだね，ダニエル。

ダニエル：もちろんだよ，ジョニー，それに僕はハツカネズミ，ブタ，クマネズミなどの動物全般を不必要に殺すのは賛成じゃないんだ。

ジョニー：でもダニエル，教育のためだよ。ナンシー，そう思わない？

ナンシー：もちろんそうだけど，兄の学校にはデジタル解剖のクラスがあるの。生徒はタブレット型コンピューターを使ってデジタル動物を解剖するの。それはデジタル解剖と呼ばれているのよ。

クミコ：本当？ 多くの命を救うに違いないわ。

ナンシー：お金もたくさん節約できるわ。ソフトウェアを購入する必要があるのは 1 回だけなの。

ダニエル：それはいいね，ナンシー。僕は明日，先生にデジタル解剖を提案するよ。

ナンシー：私も一緒に行くわ，ダニエル。

Words & Phrases

- [ ] cut open　解剖する　*cf.* dissection　图 解剖
- [ ] anatomy　图 解剖学
- [ ] vet　图 獣医
- [ ] opt out　手を引く　*cf.* 問2 ②　opt-out　图 オプトアウト，選択的離脱
- [ ] needlessly　副 不必要に
- [ ] in general　一般に，概して
- [ ] 問2 ③　earthworm　图 ミミズ

✓ POINT

Before　① 「理由」まで聞き取る必要があるのは誰か？＆②図表・イラストの「タイトル」は？，の2点を把握

While　① 1人ずつ主張の「プラス」「マイナス」をキャッチ＆② 「特定の1人」の声を把握

After　① 4人の「プラス」「マイナス」を照合＆② 「根拠」とグラフを照合

第3章 ハイスコア模試解説

3 | ハイスコア模試解説

　第2章までで学んだプロセスを活用して，別冊のハイスコア模試に取り組んでみよう。この章での各設問の解説は，ここまでの章の繰り返しになる部分は省いて必要最低限にとどめるが，得点率が低かった大問，中問については，該当する章を読み返してプロセスを復習しておこう。

■第1問A（→第2章 Section 1　短い文×通常選択肢の問題）

解答

問1 ┃ 1 ┃　①　問2 ┃ 2 ┃　③　問3 ┃ 3 ┃　②
問4 ┃ 4 ┃　③

解説

問1

　look forward to *do*ing は「…するのを楽しみにする」なので，excited（わくわくして）で言い換えた①が正解。

スクリプト　　　　　　　　　　　　　　　　　　　　　◀:1

I look forward to meeting you at the show, Lynn.

　展示会であなたに会えるのを楽しみにしているわ，リン。

設問

問1 ┃ 1 ┃

① The speaker is excited about meeting Lynn.

② The speaker is looking for Lynn.

③ The speaker will not see Lynn.

④ The speaker met Lynn at the show.

問1 ┃ 1 ┃

① 話者はリンに会うことにわくわくしている。

② 話者はリンを探している。

③ 話者はリンには会わないつもりだ。

④ 話者は展示会でリンに会った。

164

問2

前半では「色は好きだ」と言っているが，but のあとで「もっと大きいもの」を試したいと言っているので，それを「違うサイズ」と表現した③が正解となる。

スクリプト

■⟨2

I like the color of these shoes, but may I try a larger pair?

私はこの靴の色は好きだけれど，大きいサイズのものを試着してもいいですか。

設問

問2 　2

① The speaker does not want shoes.
② The speaker wants to try a different color.
③ The speaker wants to try on a different size.
④ The speaker wants two pairs of shoes.

問2 　2

① 話者は靴を欲しくない。
② 話者は違う色を試したいと思っている。
③ 話者は違うサイズを試したいと思っている。
④ 話者は靴を2足欲しい。

問3

with the TV on は「テレビをつけた状態で」。これを while *do*ing「…しながら」を使って言い換えた②が正解。姉妹はあとで帰宅したので，①，④は不適切。

スクリプト

■⟨3

Minoru fell asleep with the TV on. Half an hour later, his sisters came home and turned it off.

ミノルはテレビをつけっぱなしで眠ってしまった。30分後，彼の姉妹が帰宅し，それを消した。

問3 [3]

① Minoru was watching TV with his sisters.
② Minoru fell asleep while watching TV.
③ Minoru forgot to turn on the TV.
④ Minoru and his sisters came home together.

問3 [3]

① ミノルは姉妹と一緒にテレビを見ていた。
② ミノルはテレビを見ながら眠ってしまった。
③ ミノルはテレビをつけ忘れた。
④ ミノルと姉妹は一緒に帰宅した。

Words & Phrases

☐ forget to *do*　…し忘れる

問4

instead of *do*ing は「…しないで」。タクシーに乗るのをやめてもっと歩くべきだと考える理由は，〈so that + 主語 + can *do*〉「…できるように」の表現を用いて表されているその内容を，save money by walking と言い換えた③が正解となる。

スクリプト　　　　　　　　　　　　◀4

Instead of taking a taxi everywhere, I should walk more often so that I can save some money.

どこへでもタクシーに乗って行かないで，お金を節約できるよう，私はもっと頻繁に歩くべきだ。

設問

問4 [4]

① The speaker should learn to drive.
② The speaker should make more money.
③ The speaker will save money by walking.
④ The speaker will take a taxi more often.

問4 [4]

① 話者は運転を習った方がよい。
② 話者はもっとお金を稼いだ方がよい。
③ 話者は歩くことでお金を節約するつもりだ。
④ 話者はもっと頻繁にタクシーに乗るつもりだ。

■第1問B（→第2章 Section 1　短い文×イラスト選択肢の問題）

解答

問1　| 5 |　③　問2　| 6 |　①　問3　| 7 |　③

解説

問1

　後半の so that ... は目的を表す副詞節で「コンクールで優勝できるように」の意味。コンクール優勝を目指して練習に励む男性で，正解は③。

スクリプト

◀🔊5

He is practicing the piano hard so that he can win the competition.	彼はコンクールで優勝できるように熱心にピアノを練習している。

問2

　〈as + 形容詞 + as〉（同じぐらい…）という表現に，almost（ほぼ）がついている。almost は，「近いがもう少しのところで，ある状態に達していないこと」を指すので，ジェニーはレイチェルよりも背が少しだけ低い。したがって，正解は①。

スクリプト

◀🔊6

Jenny is getting almost as tall as her cousin Rachael.	ジェニーは成長して，いとこのレイチェルと背の高さがほとんど同じになろうとしている。

問3

　answer は「応答する」。no one は「誰も…ない」なので正解は③となる。

スクリプト

◀🔊7

The boy knocked on the door of the principal's office, but no one answered.	その少年は校長室のドアをノックしたが，誰も返事をしなかった。

■第2問（→第2章 Section 1　短い対話×イラスト選択肢の問題）

問1　　8　　②　　問2　　9　　②　　問3　　10　　④

問4　　11　　③

解説

問1

　　情報を整理すると，「入れ物は2つあり，1つ目にはごはんが入っている」「ごはんにはゴマがかかっている」。さらに，女性は，今日はフルーツは入れておらず，卵と野菜を入れたと言っているので，②が正解になる。④にはフルーツが入っているので不適切。男性が言った container は，設問では lunchbox に言い換えられている。

スクリプト　🔊 8

M: Did you put some rice in it?

W: Sure I did! With some sesame seeds on top.

M: What's in the second container? Fruit?

W: Not today. I put some eggs and vegetables in it.

M：その中にごはんを入れたの？

W：もちろん入れたわ！　その上にゴマもかけたわ。

M：2つ目の入れ物には何が入っているの？　フルーツ？

W：今日は違うわ。その中に卵と野菜を入れたのよ。

設問

問1　What does the boy's lunchbox look like?　　8

問1　男の子の弁当箱はどのように見えるか。　　8

Words & Phrases

□ container 　图容器

問2

この back は「奥（の方の席）」という意味。女性が言っている条件は，「トイレの近くは NG」「窓の側は OK」「暖炉の近くなら完璧」なので，②が正解となる。

スクリプト 　　　　　　　　　　　　　　　　　　　　　　　🔊9

M: Do you want to sit towards the back?

W: That's too close to the restroom.

M: How about by the window then?

W: Sure. The table next to the fireplace would be perfect.

M：奥の方に座りたい？

W：トイレに近すぎるわ。

M：じゃあ，窓の側はどう？

W：いいわ。暖炉の隣にあるテーブルなら言うことなしね。

設問

問2　Where will the speakers sit?

　　 9

問2　話者たちはどこに座るか。

　　 9

問3

男性の最初の発言から，踊り手たちは髪に花を付けていたことがわかる。さらに男性の2番目の発言の the outdoor setting から，ダンスは屋外で行われたことがわかる。よって，④が正解となる。話者たちは踊り手のことを they や their を使って話していたので，②は不適切。

スクリプト 　　　　　　　　　　　　　　　　　　　　　　🔊10

W: Weren't their costumes pretty?

M: Yeah. I liked the flowers in their hair.

W: They moved so elegantly. I felt relaxed just by watching them.

M: And the outdoor setting was perfect.

W：彼女たちの衣装，かわいくなかった？

M：そうだね。僕は，髪に付けていた花が気に入ったよ。

W：彼女たちは上品に動いていたわ。見ているだけで気持ちが和らいだわ。

M：あと，屋外のセットが完璧だったね。

問3 Which dance performance are the speakers talking about?　　問3 話者たちはどのダンスの演技について話しているか。 　10

10

□ setting 名（舞台の）セット

問4

男性が言う she は人だけでなく動物にも使う。「まだほんの数カ月」「今にも転びそうだ」という発言に合うのは③。

11

W: It makes me smile every time I look at this picture.　　W：この写真を見るたびに，私は笑顔になるの。

M: She's so small.　　M：彼女はとても小さいね。

W: Still just a few months old, I think.　　W：まだほんの数カ月だと思うわ。

M: She is about to fall down.　　M：今にも転びそうだよ。

問4 Which picture are the speakers talking about?　　問4 話者たちはどの写真について話しているか。 　11

11

□ every time ... …するといつも

■第 3 問（→第 2 章 Section 1　対話×通常選択肢の問題）

（→第 2 章 Section 1　対話×通常選択肢の問題）

解答

問 1　| 12 |　③　問 2　| 13 |　②　問 3　| 14 |　②

問 4　| 15 |　①

解説

問 1

女性の「週末はずっと家にいたのか」という質問に，男性は I went to see a movie と答えているので，正解は③。

スクリプト

🔊 12

W: You said you and your family were going hiking last weekend. How was it?

M: We didn't go because my sister got sick.

W: I'm sorry to hear that. Did you stay home for the whole weekend then?

M: I went to see a movie while my sister and my mother went to the doctor's office.

W: あなたとあなたの家族は先週末にハイキングに行く予定だと言っていたわね。どうだった？

M: 姉が病気になったから，行かなかったんだ。

W: それは残念だったわね。じゃあ，週末はずっと家にいたの？

M: 姉と母が病院に行っている間に映画を見に行ったよ。

設問

問 1　What did the man do at the weekend?　| 12 |

① Saw a doctor

② Stayed in bed

③ Watched a movie

④ Went hiking

問 1　男性は週末に何をしたか。

| 12 |

① 病院に行った

② ベッドで寝ていた

③ 映画を見た

④ ハイキングに行った

3

模試解説

ハイスコア

問2

女性は当初，七面鳥を使ったサンドウィッチを買おうとしたが，七面鳥は売り切れなので，④は不適切。店員は代わりに「ハムかローストビーフ」，さらに「アボカドではなく特製ソース」を勧めている。女性は店員の勧めに賛同し，具にはハムを選択したので，正解は②。

スクリプト

W: Hi. Can I get a turkey sandwich with avocado?

M: I'm afraid we are out of turkey. I can do ham or roast beef. And instead of avocado, our house special sauce would go really well with either ham or roast beef.

W: Sounds good. Can I have ham in it?

W: こんにちは。アボカド入りの七面鳥サンドをいただけますか。

M: あいにく七面鳥を切らしております。ハムかローストビーフでしたらご用意できます。そして，アボカドではなく当店特製のソースが，ハムにもローストビーフにもとてもよく合いますよ。

W: いいわね。ハムを入れてもらえますか。

設問

問2　What will the woman have?
　　　13

① A roast beef sandwich with avocado

② A ham sandwich with special sauce

③ A ham sandwich with avocado

④ A turkey sandwich with special sauce

問2　女性は何を食べることになるか。　13

① アボカド入りのローストビーフサンド

② 特製ソース付きハムサンド

③ アボカド入りのハムサンド

④ 特製ソース付き七面鳥サンド

Words & Phrases

□ do　他（料理）を作る

問3

冒頭のやり取りから，女性はまず，花を買ってきてほしいことがわかる。そのあと男性は風船やケーキを買ってこようかと提案するが，いずれもその必要はないと言われている。よって正解は②。女性はケーキを「自分で焼くことにした。」と言っているので①，③は不適切。

📢 14

スクリプト

W: Can you get some flowers at the store for the party?

M: Sure. I will get some balloons, too.

W: You don't have to. I think we already have enough.

M: Do you want me to pick up a cake at the bakery?

W: No. I decided to bake one myself.

W: そのお店でパーティー用のお花を買ってきてくれる？

M: もちろん。風船も買ってくるよ。

W: その必要はないわ。もう十分あると思う。

M: パン屋さんでケーキを買ってきてあげようか。

W: 大丈夫よ。自分で焼くことにしたの。

設問

問3 What will the man do?

14

① Bake a cake
② Buy flowers
③ Buy flowers and a cake
④ Buy flowers and balloons

問3 男性は何をすることになるか。

14

① ケーキを焼く
② 花を買う
③ 花とケーキを買う
④ 花と風船を買う

Words & Phrases

□ Do you want me to *do*? …してあげましょうか
□ pick up ～ （ついでに）～を買ってくる

問 4

　質問の agree about ～は「～について意見が一致している」。歴史の授業は，男性にはおもしろかったが女性には退屈なものだったので，③は不適切。討論については2人の意見が一致しているので，正解は①。女性にとっては楽しくない宿題なので，②は不適切。④は話題に上っていない。

スクリプト　　　　　　　　　　　　　　　　　　　　🔊 15

M：The history class yesterday was interesting.	M：昨日の歴史の授業はおもしろかったなあ。
W：It was kind of boring for me because I already knew the material.	W：あの話はすでに知っていたから，私にはちょっと退屈だったわ。
M：Don't you think the discussion went well, though?	M：でも，討論は順調に進んだと思わない？
W：You're right. Everyone spoke up, and some good ideas came out of it. But I'm not excited about the homework	W：そのとおりね。みんなが意見を言ったし，そこからいくつかのよい考えが出てきたわ。でも宿題はうれしくないなあ…。
M：Really? I've already finished!	M：本当？ 僕はもう終わらせたよ！

設問

問 4　What do the two people agree about? 　15	問 4　2人の意見が一致しているのは何についてか。 　15
① The class had a lively discussion.	① クラスは活発な議論をした。
② The teacher assigned fun homework.	② 先生はとても楽しい宿題を出した。
③ The lecture was interesting.	③ 授業がおもしろかった。
④ The lecture was too long.	④ 授業が長過ぎた。

□ material 图 情報；題材

□ speak up 意見を言う

■第4問A（→第2章 Section 2　順序・情報整理問題，照合問題）

解答

問1	16	④	17	②	18	①	19	③
問2	20	③	21	④	22	①	23	④

解説

問1

　このストーリーの経緯を追うと，部屋で CD を一緒に聴いた→その CD を貸した→ケースの壊れた CD を返された→それで大げんかをした→新品を返してくれた，となる。これに沿って4つの絵を並べ替えると，④→②→①→③となる。

スクリプト

◀16-19

My best friend Toru and I were listening to The Green Tigers, one of my favorite bands, in my room. Toru really liked the music, so I lent him the CD. He was excited. A few days later, Toru returned the CD to me, but the case had been broken. I got upset, and we got into a big fight. Toru and I didn't talk to each other for more than a week. Then this morning, he came to my house to apologize, and he gave me a new one. I'm happy about the CD, but I'm happier that we are friends again.

　親友のトオルと僕は僕の部屋で，僕のお気に入りのバンドの1つである The Green Tigers を聴いていた。トオルがその音楽をすごく気に入ったので，僕は彼に CD を貸した。彼はとても喜んでいた。数日後，トオルは僕に CD を返してくれたが，ケースが壊れていた。僕は腹を立て，僕たちは大げんかをしてしまった。トオルと僕はお互いに1週間以上口をきかなかった。そして今朝，彼は僕の家に謝りに来て，僕に新しいのをくれた。CD のことはうれしいけれど，僕たちがまた友達になれたことはもっとうれしい。

Words & Phrases

□ lend A B　A（人）にB（物）を貸す

問2

　最初の情報の「2本の公園到着時刻は同じだ」をまず頭に入れておこう。より重要なのは続く，「バスBは，バスAがセントラル駅を出発する10分前に，レイク駅を出発」という情報だ。ここから，　22　は①の9:00が入るとわかる。次に「AもBも，最初の停留所と2つ目の停車所の間は約30分かかる」と言っているので　20　には③の9:40が入る。続いて，「全体の乗車時間は約1時間」と言っているので，選択肢でそれに該当するのは④。また，「2本の到着時刻は同じだ」という情報から，解答欄　21　にも　23　にも④の10：05が入る。

スクリプト

🔊 20-23

　There are two shuttle buses you can take to get to Highland National Park. Both shuttle buses arrive at Highland National Park at the same time, but Shuttle Bus B leaves Lake Station 10 minutes before Shuttle Bus A leaves Central Station. It takes about half an hour between the first stop and the second stop on either shuttle, and the entire trip takes about an hour.

　ハイランド国立公園へ行くのに使えるシャトルバスは2本あります。どちらのシャトルバスも同時刻にハイランド国立公園に到着しますが，シャトルバスBは，シャトルバスAがセントラル駅を出発する10分前にレイク駅を出発します。どちらのシャトルバスでも，最初の停留所と2つ目の停車所の間は約30分かかり，全体の乗車時間は約1時間です。

■第4問B（→第2章 Section 2　照合問題）

解答

問1　| 24 |　②

解説

問1

　問題に掲載された条件のうち，「A. 少人数のグループレッスン」を十分に満たしている学校は「①と②」，「B. 週末にレッスンを受けられる」を十分に満たしている学校は「②と④」，「C. スピーキング力を伸ばせる」を十分満たしている学校は「①と②と③」。よって正解は②。

スクリプト
🔊 24

1.　Global English will definitely help you improve your speaking skills. In each lesson, we discuss current topics like science and technology in small groups. Their availability seems quite limited now — they only have Monday morning lessons or Wednesday afternoon lessons available.

2.　I highly recommend English Center. You will be assigned to a group of two to three students. There will be lots of discussions, speaking games, and role playing. The teachers are kind and friendly. They offer lessons on weekdays, weeknights, and weekends.

　Global English はあなたの話す力を向上させるのに必ず役立ちます。各レッスンでは，科学やテクノロジーなどの時事的な話題を少人数のグループで話し合います。ご利用できるレッスンは現在かなり限られているようで，月曜日の朝のレッスンまたは水曜日の午後のレッスンのみです。

　English Center を強くお勧めします。あなたは2，3人の学生のグループに入ります。そこではたくさんの議論，話すゲーム，そしてロールプレイがあります。先生たちは優しくてフレンドリーです。彼らは平日，平日の夜，そして週末にレッスンをします。

3. You should come to ABC English. They offer private lessons, so you don't have to worry about making mistakes in front of other students. You can practice whatever skills you want. You can take lessons anytime Monday through Friday.

4. Language House is great. I usually go on weekends. Be ready to read and write a lot. I feel like my writing has gotten much better. There are five to ten people in each class.

ABC English に来るべきです。プライベートレッスンを提供しているので，他の生徒の前で間違いを犯すのを心配する必要はありません。あなたが欲しいどんなスキルも磨くことができます。月曜日から金曜日までいつでもレッスンを受けることができます。

Language House は素晴らしいです。私はたいてい週末に行きます。たくさん読み書きする覚悟をしてくださいね。自分の書く文章がはるかによくなったと感じています。各クラスは 5 人から 10 人です。

Words & Phrases

□ availability　图空き具合

□ assign　他〜を割り当てる

□ role playing　ロールプレイ（スピーキングの練習方法）

□ whatever 〜　どんな〜でも

■第5問 (→第2章 Section 2 講義聞き取り×ワークシート完成問題)

解答

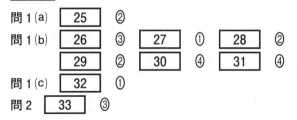

問1 (a)　　25　②
問1 (b)　　26　③　　27　①　　28　②
　　　　　29　②　　30　④　　31　④
問1 (c)　　32　①
問2　33　③

解説

問1 (a)

　第1パラグラフの4文目に，アメリカ合衆国で閉店した店舗数として，去年は9,000店舗，今年は12,000店舗以上の予測とある。その差は3,000店舗以上の増加となるので，正解は②。

問1 (b)

　26　第2パラグラフ全体で，客側にとっての，実際の店舗で買い物をする際の利点が述べられている。正解は③。

　27　第2パラグラフの3文目に，実際の店舗の優位点として，「支払いを済ませてしまえば，客は商品を持って帰宅できるという事実」が述べられているので，正解は①。

　28　第3パラグラフの1文目に，オンラインストアの優位点として「1日24時間，週7日買い物をすることができる」とあるので，②が正解。

　29　第3パラグラフの1文目に「オンラインショッピングの方がより便利」，3文目に「オンラインショッピングの手軽さ」とあるので正解は②。

　30　第3パラグラフの3文目にオンラインショッピングの手軽さは「…消費者にとっては害を及ぼす習慣だが，小売業者にはより多くの売上の一因になる」と述べられている。正解は④。

　31　第4パラグラフの3文目，4文目で，オンライン環境を使った顧客データの収集と，このデータで小売業者がマーケティング戦略を調整することができるとしているので，④が正解。

問1(c)

第3パラグラフの3文目で，オンラインショップでの買い過ぎについて，「オンライン小売業者からすれば，それはより多くの売上の一因になる」とある。また，第4パラグラフの1文目に，オンラインショッピングの発展が「小売業者にとっても利益があるという理由で大躍進している」と述べられ，そのあとにその利益の例が挙げられている。よって正解は①。

スクリプト

🔊 25-32

Have you been to Borders recently? How about Circuit City? We used to see these stores everywhere, but not anymore. Last year, about 9,000 stores closed in the United States, and this year, more than 12,000 stores are expected to close. This is not surprising when you think about how we shop today. Research shows that 42% of consumers shop online at least once a week and over 80% shop online more than once a month.

Some people still prefer traditional stores. They enjoy talking to salespeople and trying things on. They also like the fact that once they check out, they can go home with their purchase; while with online shopping, you might have to wait for the product to arrive for over a week.

That being said, online shopping is more convenient; people can basically shop 24 hours a day, 7

最近 Borders に行きましたか。Circuit City はどうですか。私たちはかつてこれらの店をいたる所で見たものでしたが，今はもう見られません。昨年，アメリカ合衆国では 9,000 店舗が閉店し，今年は 12,000 以上の店舗の閉店が予想されています。現在の買い物の仕方を考えると，これは驚くことではありません。ある調査によると，消費者の 42% が少なくとも週に1回はオンラインで買い物をし，80% 以上が月に2回以上オンラインで買い物をしています。

今も従来型の店を好む人々はいます。彼らは販売員との会話や試着を楽しんでいます。彼らはまた，支払いを済ませてしまえば，商品を持って帰宅できるという事実も気に入っています。一方，オンラインショッピングでは，製品が届くのを1週間以上待たなければならないこともあります。

そうは言っても，オンラインショッピングの方がより便利です。人々は基本的に1日24時間，週7日買い物をす

days a week. This is also a benefit for retailers because twenty-four operating hours means higher sales. Now, the ease of shopping online can lead to impulsive buying and overspending — harmful habits for consumers but for online retailers, they only contribute to more sales.

So online shopping is booming not just because customers like it but because it's beneficial for retailers, too. If retailers want to survive, they need to be where the customers are. With online platforms, they can collect customer data, such as what they clicked on and how long it took them to buy. This data helps retailers adjust their marketing strategies and improve the online shopping experience.

ることができるのです。24時間営業は売上高の増加を意味するので，これは小売業者にも恩恵があります。ところが，オンラインショッピングの手軽さは，衝動買いや買い過ぎにつながりかねません。消費者にとっては害を及ぼす習慣ですが，オンライン小売業者からすれば，それらはより多くの売上の一因になるだけです。

だから，オンラインショッピングは単に客がそれを好むという理由だけではなく，小売業者にとっても利益があるという理由で大躍進をしています。小売業者が生き残りたいならば，客のいる所に自らがいなければなりません。オンライン環境があれば，クリックしたものや購入するまでにかかった時間といった顧客データを収集することができます。このデータは，小売業者がマーケティング戦略を調整し，オンラインショッピング体験をよりよいものにしていくのに役立ちます。

問 1 (c) ┃ 32 ┃

① Developing an online store is both beneficial and necessary for retailers.

② The more customer data a retailer collects, the higher the sales become.

③ Most people still prefer shopping at physical stores over online shopping.

④ Less than 20% of consumers engage in online shopping more than once a week.

問 1 (c) ┃ 32 ┃

① オンラインストアの発展は，小売業者に利益をもたらすものであり，不可欠なものである。

② 小売業者が集める顧客データが増えれば，それだけ売上額も高くなる。

③ ほとんどの人が，いまだにオンラインショッピングより実際の店舗での買い物を好む。

④ 週に 2 回以上オンラインショッピングをするのは，客の 20% に満たない。

Words & Phrases

□ traditional 形 従来型の

□ that being said そうは言っても

□ retailer 名 小売業者

□ impulsive 形 衝動的な

□ overspending 名 浪費

□ contribute to ～ ～の一因になる

□ boom 自 大きく発展する

□ beneficial 形 利益をもたらす

□ adjust ～ 他 ～を調整する

3
ハイスコア
模試解説

○小売業の最近の傾向

| 昨年 | → | 今年 |

[閉店数：　　　　　]　　　　　　　　　　　[閉店数：　　　　　]

　　　　　　　　　　　　　　　　　　　　　　　 25 の増加

　　　　　　　　　　　　　　　　　　　　　　↑ 理由
　　　　　　　　　　　　　　　　　　　　　　オンラインショッピングの増大
　　　　　　　　　　　　　　　　　　　　　　42%：少なくとも週1回
　　　　　　　　　　　　　　　　　　　　　　80%：月2回以上

○ 客および小売業者，客もしくは小売業者にアピールする要因

要因	①実際の店舗もしくは ②オンラインストアどちらが優位か	③客もしくは④小売業者の どちらに利点があるか
体験	実際の店舗	26
待ち時間	27	客
営業時間	28	客および小売業者
手軽さ	29	30
データ集積	オンラインストア	31

問2

　グラフからは，スマートフォンを使ってオンラインショッピングをする人の割合が大幅に伸びていることが読み取れる。講義全体では，急成長しているオンラインショッピングは，客側にだけでなく小売業者にとっても利点があり，小売業者は生き残るためにもこの傾向に対応する必要があるということが述べられているので，③が正解となる。

スクリプト　　　　　　　　　　　　　　　　　　　　　　　　　🔊33

　This graph shows the shift in the type of devices people use when they shop online. Smartphones and tablets let you shop anywhere you want, as opposed to desktop computers, which force you to sit at your desk. What does this mean?

　このグラフは，人々がオンラインで買い物をする時に使う端末の種類の変遷を示しています。机に向かわざるを得ないデスクトップ型コンピューターとは対照的に，スマートフォンやタブレットは，どこにいても買い物をすることを可能にします。これは何を意味していますか。

設問

問2 | 33 |

① It is important to choose the right device depending on the type of products being purchased.

② People will stop going to physical stores due to technological advancements.

③ Retailers will need to develop an online store specifically for mobile devices.

④ The popularity of online shopping will decrease as computers get replaced by smartphones.

問2 | 33 |

① 購入する製品の種類によって適切な端末を選ぶことが重要だ。

② 技術の進歩が原因で，人々は実際の店舗に足を運ぶのをやめるだろう。

③ 小売業者は，特にモバイル端末向けのオンライン店舗を展開する必要があるだろう。

④ スマートフォンがパソコンに取って代わるにつれ，オンラインショッピングの人気は下降線をたどるだろう。

Words & Phrases

□ device 图端末機

□ as opposed to 〜 〜とは対照的に

□ 〈force ＋人＋ to *do*〉 人に…することを強いる

■第6問A（→第2章 Section 3　2人による議論×一般型設問）

解答

問1　| 34 |　②　問2　| 35 |　②

解説

問1

　アルバイトがあるから勉強会を休むエイミーは，大学生活を優先すべきだと言うトシに対し，2番目の発言で仕事を通じて効果的コミュニケーションを学んだと述べている。よって②が正解。

問2

　トシは2番目の発言で「効果的コミュニケーションは学校の組織などに参加して身に付けられる」と言い，3番目の発言で，「大学で学べることがたくさんあることを覚えておいた方がいい」とエイミーに諭しているので，正解は②。

スクリプト

🔊 34-35

Amy：Toshi, I will miss the study group today because I have to go to my part-time job.

Toshi：You're still working at the coffee shop, Amy? I thought you wanted to quit because you don't like your boss.

Amy：Actually, I've been trying to make things work with him. That's one of the things I've learned through my job— effective communication.

Toshi：You don't need a job to learn those skills. You can join an organization or committee at school instead.

エイミー：トシ，アルバイトに行かなければならないから，私は今日の勉強会を欠席するわ。

トシ：君はまだあのコーヒーショップで働いているの，エイミー？ 上司が気に入らないから辞めたがっていると思っていたけど。

エイミー：実は，彼といろいろうまくやろうとしているの。それが，仕事を通じて学んだことの1つよ— 効果的コミュニケーションね。

トシ：そんな能力を身に付けるのに仕事は必要ないよ。代わりに，学校の組織や委員会に入ることだってできる。

Amy : You must think I'm wasting my time.

Toshi : I understand extra money is helpful, but you should remember there are many things you can learn at university.

Amy : I know university experience is important, but my job teaches me more. After getting trained in customer service, now I know that's what I want to do in the future.

Toshi : Well, come to the study group next time then.

エイミー：あなたはきっと，私が時間を無駄にしていると思っているのね。

トシ：余分なお金が役に立つことはわかるけれど，大学で学べることがたくさんあることを覚えておいた方がいいよ。

エイミー：大学での経験が重要であることはわかっているけれど，仕事は私にもっと多くのことを教えてくれるの。お客さんへのサービスの訓練を受けてから，それが将来自分のやりたいことだとわかったの。

トシ：そう，じゃあ次は勉強会に来てね。

設問

問1　What is Amy's main point?

34

① Customers benefit from interacting with student part-timers.
② Part-time jobs help college students develop valuable career skills.
③ Earning money teaches college students important life lessons.
④ Working for a great boss is a major advantage of having a part-time job.

問1　エイミーの論点は何か。

34

① 客は学生アルバイトと交流することで得をする。

② アルバイトは，大学生が価値のある仕事上のスキルを伸ばすのに役立つ。

③ お金を稼ぐことは，大学生に重要な人生勉強をさせてくれる。

④ 素晴らしい上司と働くことは，アルバイトをすることの大きな利点だ。

問2 What is Toshi's main point?
35

① College students should get a part-time job to make extra money.

② College students should take advantage of what college offers.

③ It's important to communicate with people when there is a problem.

④ Working a part-time job is a waste of time for college students.

問2 トシの論点は何か。 35

① 大学生は余分のお金を稼ぐためにアルバイトの仕事を得た方がよい。

② 大学生は大学が提供してくれるものを活用した方がいい。

③ 問題が起きた時は人と意思疎通を図ることが大切だ。

④ アルバイトをすることは，大学生にとって時間の無駄である。

Words & Phrases

☐ miss 他 〜を欠席する

☐ make things work with 〜 〜とうまくやる

■第 6 問 B（→第 2 章 Section 3　4 人による議論×照合問題）

解答

問 1 　| 36 |　①, ④　問 2 　| 37 |　③

解説

問 1

　司会者と教授それぞれの最初の発言から，教授の講演内容がアルバイトの利点についてのものであったことがわかる。スーザンは最初の発言でアルバイトをしている友人たちの例を挙げ，勉強に悪影響を与えているので，勉強に専念すべきだと主張している。デイビッドも，最初の発言で明確に，アルバイトをすべきではないと言い，雇用側の問題点を挙げている。教授はスーザンに対し，アルバイトをしている学生には時間管理のうまさがあるという調査結果を伝え，デイビッドに対しても，不当な扱いを受けたら声をあげるべきだと答え，アルバイトに反対の立場はとっていない。よって，正解は①と④。司会者はどちらの立場にも立っていない。

問 2

　教授は 2 回目の発言で「働いていない学生より働いている学生の方が成績優秀だ」と述べ，3 回目の発言で，働き過ぎは成績に悪影響を及ぼすので「重要なのは，無理のない労働時間を確保すること」だと述べている。③の図は，労働時間が 0 時間（働いていない）よりも 1～10 時間で最も高い成績を示し，10 時間を超えると成績が下降することを示している。よって正解は③。

Moderator：Thank you, Professor Wilson, for your informative speech. There are many things students can learn through part-time jobs.

Professor Wilson：Yes. Students with a part-time job are good at managing their time and money.

Moderator：Right. Let's hear from our audience. Does anyone have any questions? Yes, go ahead.

Susan：Hi. My name is Susan. I'm a student at Ocean University. Most of my friends have a part-time job, and … it seems like it's hurting them academically. Don't you think if we want to succeed at school, we should focus on studying?

Professor Wilson：That's a common assumption, but our research showed students who worked did better in class than those who did not work. This may be because they have better time-management skills.

Susan：You need to leave some time for studying, though.

司会：ウィルソン教授，有益な講演をありがとうございました。学生がアルバイトを通して学べることがたくさんあるのですね。

ウィルソン教授：はい。アルバイトをしている学生は時間とお金を管理することが上手です。

司会：そうですね。皆さんから聞いてみましょう。どなたか質問はありますか。はい，どうぞ。

スーザン：こんにちは。私の名前はスーザンです。オーシャン大学の学生です。私の友達のほとんどはアルバイトをしています，そして，それは学問の面では問題になっているように見えます。学業でよい成績を取りたいなら，学業に集中すべきだと思いませんか。

ウィルソン教授：それは一般的な仮説ですが，私たちの研究では，働いていない学生よりも働いている学生の方が成績優秀であることが示されました。これは，彼らがより優れた時間管理技術を持っているからかもしれませんね。

スーザン：それでも，勉強のための時間をある程度残す必要がありますよね。

Professor Wilson：That's true. Working too much does have negative impacts on academic performance. The key is to have reasonable work hours.

Moderator：All right. How about the gentleman in the back?

David：Oh, hi. I'm David. (clearing throat) Sorry. Um ... I've had many kinds of jobs, and I don't think students should do it because employers might take advantage of them.

Moderator：Can you explain?

David：Well, I've had to work late and even on weekends. And sometimes, they wouldn't even pay me for the extra hours I put in.

Professor Wilson：Unfortunately, some employers treat young employees unfairly because they think they can. Student workers need to know their rights and speak up when their rights are violated.

Moderator：It is a serious problem. OK. We have time for a few more questions.

ウィルソン教授：それはその通りです。働き過ぎは学校での成績に悪影響を及ぼします。重要なのは，無理のない労働時間を確保することです。

司会：そのとおりですね。後ろの男性はいかがですか。

デイビッド：ええ，こんにちは。僕はデイビッドです。（咳ばらいをする）失礼。ええと…，私はいろいろな種類の仕事をしてきましたが，雇用主が学生を利用するかもしれないので，彼らはアルバイトをすべきではないと思います。

司会：説明してもらえますか。

デイビッド：ええと，私は遅くまで，そして週末も仕事をしなければなりませんでした。そして時々，私が働いた残業分を払おうともしませんでした。

ウィルソン教授：残念ながら，若い労働者を不当に扱う雇用主もいます。そうしても構わないと思っているからです。学生労働者は自分の権利を知り，自分の権利が侵害された時に声をあげる必要があります。

司会：それは深刻な問題ですね。さて，もう少し質問の時間がありますね。

問1	36		問1	36

① David
② Moderator
③ Professor Wilson
④ Susan

① デイビッド
② 司会者
③ ウィルソン教授
④ スーザン

Words & Phrases

□ informative 形 有益な

□ assumption 名 仮説

□ reasonable 形 無理のない

□ put in ～ ～（時間など）を費やす

□ violate 他 ～を侵害する

問2 図表

①

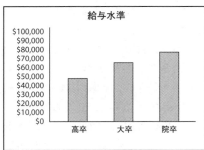

②

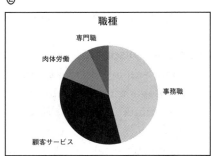

③

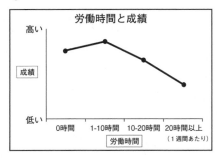

④

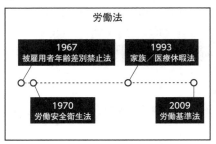

ハイスコア模試

解　答

問題番号（配点）	設問		解答番号	正解	配点	自己採点
第1問 (24)	A	1	1	1	3	
		2	2	3	3	
		3	3	2	3	
		4	4	3	3	
	B	1	5	3	4	
		2	6	1	4	
		3	7	3	4	
第2問 (12)	1		8	2	3	
	2		9	2	3	
	3		10	4	3	
	4		11	3	3	
第3問 (16)	1		12	3	4	
	2		13	2	4	
	3		14	2	4	
	4		15	1	4	

（注）
1 *1は，全部正解の場合のみ点を与える。
2 *2は，過不足なく解答した場合のみ点を与える。

問題番号（配点）	設問		解答番号	正解	配点	自己採点
第4問 (12)	A	1	16	4	4*1	
			17	2		
			18	1		
			19	3		
		2	20	3	1	
			21	4	1	
			22	1	1	
			23	4	1	
	B	1	24	2	4	
第5問 (20)	1		25	2	4	
			26	3		
			27	1	4*1	
			28	2		
			29	2		
			30	4	4*1	
			31	4		
			32	1	4	
	2		33	3	4	
第6問 (16)	A	1	34	2	4	
		2	35	2	4	
	B	1	36	1,4	4*2	
		2	37	3	4	

点数を記入したら，右記の2次元コードまたはURLから，Web上での学習診断を利用しよう。各大問の点数に応じて，これから必要な対策を知ることができる。

模試を解いてアクセスしよう！

共通テスト対策
受験生を応援！
学習診断

https://service.zkai.co.jp/books/k-test/

エピローグ

〜最高のスタートを切ったきみのための「次の対策」〜

　共通テスト英語リスニング対策，まずはここまで1冊ご苦労さまでした。共通テスト（共テ）に限らず，入試リスニング対策の最重要課題は，問題の傾向を正しく把握し「必要な情報をいかに待ち伏せるか」の作業リズムを作り上げることです。この1冊を通して，今きみはその最重要課題を確実にクリアしつつあります。初期の対策として最高の成果を上げたと自信を持ってください。

　もちろん，**本格的な演習対策はここからです。**リーディングと同様，ここまでで「対策の枠組み」をアタマに入れたきみは，これから「自分の力のデータ収集」とその「分析」という2つの作業を通じてハイスコアにさらに一歩近づかなくてはいけません。**数多くの問題を解くことで，得点がイマイチ安定しない問題を把握し，それに対する集中対策を実践しましょう。**では，お別れの挨拶代わりに，きみが次に進めるべき対策を簡単にまとめておきます。

「リスニング対策第2章」〜ハイスコア実現への道〜

①『**リスニング解体新書**』**をもう一度読む。**

　…ひと通り典型的な問題をこなして傾向を理解した今，再度『リスニング解体新書』を今のアタマで読み直しましょう。演習前に読んだ時にはピンとこなかったことが，今度はクッキリ見えるはず。次のフェーズに進む前に，これまでの対策をまとめる意味で，しっかり読み直してください。

②**やったことのない問題を3回分用意，気合いを入れて解く。**

　…模擬試験問題集などから，やったことのない問題を用意して3セットやってみましょう。点数を気にするよりも，この本で押さえた数々のポイントを全問演習の形で一つひとつあてはめる練習です。

③**イメトレ ver.1：問題形式ごとに解き直す。**

　…②で解いた問題について，第1問A3回分→第1問B3回分→第2問3回分…，の順に「同じ形式の問題を全部引っこ抜いて」解き直し，考え方，手順に誤りがないことをキッチリ確認します。この作業を通じて，何となく苦手意識がある問題があるのかないのか，あるならそれが第何問なのか，さらにはその問題のどの形式の設問なのかがハッキリ明らかになります。そうして明らかになった自身のウィークポイントについては「ハイスコア獲得の演習法」を参考にさらに対策を進めてください。どこまで行っても共テは設問形式との戦いです。形式別に対応力を強化しましょう。

④イメトレ ver.2：通しで解き直す。

…あらためて１回分の試験を通しで解き直します。もちろん３回分全部。これが完成イメトレです。ここまでやってはじめて３回分の問題を完全に消化，自分のチカラに変えることができます。「最も美しいBefore → While → Afterの作業」をしっかり体験してください。対策第２章，これでカンペキです！

ちなみにＺ会から，

『**共通テスト実戦模試**』**シリーズ**（教科・科目別に発刊）
『**共通テスト予想問題パック**』（全教科・科目の冊子収録）

という対策教材が発売されています。ハイスコア実現のための対策第２章に最適な問題が集まっています。本書に引き続き，是非とも利用してください。

さあ，『リスニング解体新書』を読み直して共通テスト英語リスニング対策の第１章は終了です。自信を持って次に進みましょう。最高のスタートを切ったきみが，最後まで最高の対策を続け，最高の結果を手にすることができることを，心から祈っています。

　頑張って。

水野　卓

MEMO

MEMO

●監修者紹介
水野卓（みずのたかし）
東京外国語大学，同大学院で言語学を専攻。「ネイティブでない」からこそ必要となる英語理解の理論的側面を，その専門性を活かした独自の「見せて納得させる」メソッドで教えている。「勉強のしかた」についても指導力を発揮する。『全国大学入試問題正解』（旺文社）の執筆をはじめ著書多数。英語の受験指導において，現在最も注目される一人。

●執筆協力
Ross Tulloch，梅津真理

書籍のアンケートにご協力ください

抽選で**図書カード**をプレゼント！

Z会の「個人情報の取り扱いについて」はZ会Webサイト（https://www.zkai.co.jp/poli/）に掲載しておりますのでご覧ください。

ハイスコア！共通テスト攻略　英語リスニング　改訂版

2019年7月10日　初版第1刷発行
2021年7月10日　新装版第1刷発行
2023年7月10日　改訂版第1刷発行

監修　　　　水野卓
発行人　　　藤井孝昭
発行　　　　Z会
　　　　　　〒411-0033　静岡県三島市文教町1-9-11
　　　　　　【販売部門：書籍の乱丁・落丁・返品・交換・注文】
　　　　　　TEL　055-976-9095
　　　　　　【書籍の内容に関するお問い合わせ】
　　　　　　https://www.zkai.co.jp/books/contact/
　　　　　　【ホームページ】
　　　　　　https://www.zkai.co.jp/books/
装丁　　　　犬飼奈央
印刷・製本　シナノ書籍印刷株式会社

Z-KAI

ハイスコア！
共通テスト攻略

英語リスニング

改訂版

別冊問題

ハイスコア模試

音声は専用 web ページで聞くことができます。
右記の2次元コード，または下記 URL よりアクセスしてください。

https://www.zkai.co.jp/books/highscore-listening-re/

英　語（リスニング）

◀ 全体説明

第1問 （配点　24）

◀ 第1問ナレーション

第1問はAとBの二つの部分に分かれています。

◀ 第1問Aナレーション

A　　第1問Aは問1から問4までの4問です。それぞれの問いについて，聞こえてくる英文の内容に最も近い意味のものを，四つの選択肢（①～④）のうちから一つずつ選びなさい。**2回流します。**

問1　　　1　　　　　　　　　　　　　　　　　　　　　　　◀ 1

① The speaker is excited about meeting Lynn.

② The speaker is looking for Lynn.

③ The speaker will not see Lynn.

④ The speaker met Lynn at the show.

問2　　　2　　　　　　　　　　　　　　　　　　　　　　　◀ 2

① The speaker does not want shoes.

② The speaker wants to try a different color.

③ The speaker wants to try on a different size.

④ The speaker wants two pairs of shoes.

問3　3　◀╡3

① Minoru was watching TV with his sisters.
② Minoru fell asleep while watching TV.
③ Minoru forgot to turn on the TV.
④ Minoru and his sisters came home together.

問4　4　◀╡4

① The speaker should learn to drive.
② The speaker should make more money.
③ The speaker will save money by walking.
④ The speaker will take a taxi more often.

これで第 1 問 A は終わりです。

B 　第1問Bは問1から問3までの3問です。それぞれの問いについて，聞こえてくる英文の内容に最も近い絵を，四つの選択肢 $\left(① \sim ④\right)$ のうちから一つずつ選びなさい。**2回流します。**

問1　　5　　　　　　　　　　　　　　　　　　　　　◀€5

①

②

③

④

①

②

③

④

①

②

③

④

これで第１問Ｂは終わりです。

（下 書 き 用 紙）

リスニングの試験問題は次に続く。

第2問 （配点 12）

第2問は問1から問4までの4問です。それぞれの問いについて，対話の場面が日本語で書かれています。対話とそれについての問いを聞き，その答えとして最も適切なものを，四つの選択肢 $\left(①～④\right)$ のうちから一つずつ選びなさい。**2回流します。**

問1 男の子のお弁当の中身について，男の子が母親と話をしています。

8

■〈8

①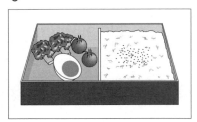

②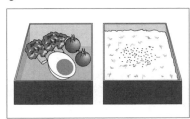

③

④

問2　レストランでどこに座るかについて話をしています。

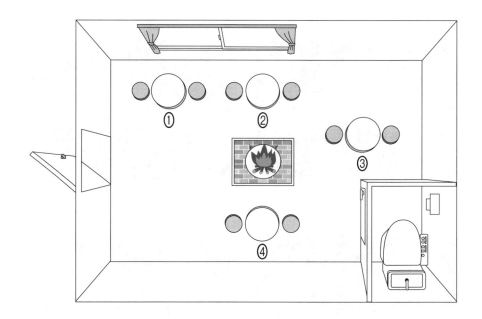

問3　今見た踊りについて話をしています。　10　10

①

②

③

④

— 10 —

問4 写真を見ながら話をしています。 ⬛ 11 📢11

①

②

③

④

これで第2問は終わりです。

第3問 （配点 16）

第3問は問1から問4までの4問です。それぞれの問いについて，対話の場面が日本語で書かれています。対話を聞き，問いの答えとして最も適切なものを，四つの選択肢（①〜④）のうちから一つずつ選びなさい。（問いの英文は書かれています。）**1回流します。**

問1　友達同士が週末について話をしています。

What did the man do at the weekend?　12　◀ 12

① Saw a doctor
② Stayed in bed
③ Watched a movie
④ Went hiking

問2　客と店員が話をしています。

What will the woman have?　13　◀ 13

① A roast beef sandwich with avocado
② A ham sandwich with special sauce
③ A ham sandwich with avocado
④ A turkey sandwich with special sauce

問3　カップルがパーティーの準備について話をしています。

What will the man do?　14　◀◀14

① Bake a cake
② Buy flowers
③ Buy flowers and a cake
④ Buy flowers and balloons

問4　友達同士が昨日の授業について話をしています。

What do the two people agree about?　15　◀◀15

① The class had a lively discussion.
② The teacher assigned fun homework.
③ The lecture was interesting.
④ The lecture was too long.

これで第3問は終わりです。

第4問 （配点 12） ◀€ 第4問ナレーション

第4問はAとBの二つの部分に分かれています。

◀€ 第4問Aナレーション

A　第4問Aは**問1・問2**の2問です。話を聞き，それぞれの問いの答えとして最も適切なものを，選択肢のうちから選びなさい。**1回流します。**

問1　男の子が友達のトオルとの間に起きた出来事について話しています。話を聞き，その内容を表したイラスト（①〜④）を，聞こえてくる順番に並べなさい。

16	→	17	→	18	→	19

◀€ 16-19

①

②

③

④

問2　あなたは国立公園への行き方を調べています。シャトルバスの時刻について の説明を聞き，下の表の四つの空欄 20 〜 23 にあてはまるの に最も適切なものを，五つの選択肢 (①〜⑤) のうちから一つずつ選びな さい。選択肢は2回以上使ってもかまいません。　◀€ 20-23

① 9:00　　② 9:10　　③ 9:40　　④ 10:05　　⑤ 11:15

Shuttle Buses	Stops	Schedule
Shuttle Bus A	Stop 1: Central Station	9:10
	Stop 2: Webster Square	20
	Stop 3: Highland National Park	21
Shuttle Bus B	Stop 1: Lake Station	22
	Stop 2: Northside Hotel	9:30
	Stop 3: Highland National Park	23

これで第4問Aは終わりです。

B 第4問Bは問1の1問です。四人の説明を聞き，問いの答えとして最も
適切なものを，選択肢のうちから選びなさい。メモを取るのに下の表を
使ってもかまいません。**1回流します。**

状況
　あなたは英語を学ぶための語学学校を選んでいます。語学学校を選ぶに
あたり，あなたが考えている条件は以下のとおりです。

条件
　A.　少人数のグループレッスン。
　B.　週末にレッスンを受けられる。
　C.　スピーキング力を伸ばせる。

	A. Small-group lessons	B. Lessons on the weekend	C. Develop speaking skills
① Global English			
② English Center			
③ ABC English			
④ Language House			

問1　学生四人が自分の利用している語学学校について説明するのを聞き，上
　　の条件に最も合う学校を，四つの選択肢 (①〜④) のうちから一つ選びな
　　さい。　24　■<24

　①　Global English
　②　English Center
　③　ABC English
　④　Language House

これで第4問Bは終わりです。

リスニングの試験問題は次に続く。

第5問 (配点 20)

第5問は**問1**(a)〜(c)と**問2**の2問です。講義を聞き，それぞれの問いの答え として最も適切なものを，選択肢のうちから選びなさい。状況と問いを読む時 間（約60秒）が与えられた後，音声が流れます。**1回流します。**

🔊 25-32

状況

　あなたはアメリカの大学で，消費者の買い物のスタイルの変化につい て，ワークシートにメモを取りながら，講義を聞いています。

ワークシート

○Current trend in retail business

| | Last Year | → | This Year | |

[number of stores closed :   ]   [number of stores closed:]

Increase of | 25 |

↑ Reason

Rise of online shopping
42%: at least once a week
over 80%: more than once a month

○ Factors that appeal to consumers and/or retailers

Factors	Better at ① **physical** stores or ② **online** stores	Advantage for ③ **customers** or ④ **retailers**
experience	physical	26
wait time	27	customers
hours	28	customers and retailers
ease	29	30
data collection	online	31

— 18 —

問1 (a) ワークシートの空欄 25 にあてはめるのに最も適切なものを，六つの選択肢 (①～⑥) のうちから一つ選びなさい。

① over 12,000　　　② over 3,000

③ over 5,000　　　④ under 1,000

⑤ under 2,000　　　⑥ under 3,000

問1 (b) ワークシートの表の空欄 26 ～ 31 にあてはめるのに最も適切なものを，四つの選択肢 (①～④) のうちから一つずつ選びなさい。選択肢は2回以上使ってもかまいません。

① physical　② online　③ customers　④ retailers

問1 (c) 講義の内容と一致するものはどれか。最も適切なものを，四つの選択肢 (①～④) のうちから一つ選びなさい。 32

① Developing an online store is both beneficial and necessary for retailers.

② The more customer data a retailer collects, the higher the sales become.

③ Most people still prefer shopping at physical stores over online shopping.

④ Less than 20% of consumers engage in online shopping more than once a week.

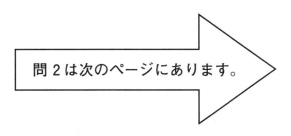

問2は次のページにあります。

問2 講義の続きを聞き，下の図から読み取れる情報と講義全体の内容から，どのようなことが言えるか，最も適切なものを，四つの選択肢 $\left(①～④\right)$ のうちから一つ選びなさい。 33　　🔊 33

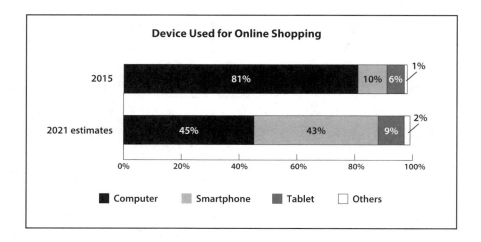

① It is important to choose the right device depending on the type of products being purchased.

② People will stop going to physical stores due to technological advancements.

③ Retailers will need to develop an online store specifically for mobile devices.

④ The popularity of online shopping will decrease as computers get replaced by smartphones.

これで第5問は終わりです。

第6問 (配点 16)

◀〔第6問ナレーション

第6問はAとBの二つの部分に分かれています。

◀〔第6問Aナレーション

A 　第6問Aは**問1・問2の2問**です。二人の対話を聞き，それぞれの問いの答えとして最も適切なものを，四つの選択肢 $(①〜④)$ のうちから一つずつ選びなさい。（問いの英文は書かれています。）**1回流します。** ◀〔34-35

状況
　二人の大学生が，アルバイト（part-time jobs）について話しています。

問1　**What is Amy's main point?** 　34

① Customers benefit from interacting with student part-timers.

② Part-time jobs help college students develop valuable career skills.

③ Earning money teaches college students important life lessons.

④ Working for a great boss is a major advantage of having a part-time job.

問2　**What is Toshi's main point?** 　35

① College students should get a part-time job to make extra money.

② College students should take advantage of what college offers.

③ It's important to communicate with people when there is a problem.

④ Working a part-time job is a waste of time for college students.

これで第6問Aは終わりです。

B 　第6問Bは**問1・問2**の2問です。英語を聞き，それぞれの問いの答えとして最も適切なものを，選択肢のうちから選びなさい。**1回流します。**

🔊 36-37

状況

　Professor Wilson が学生のアルバイト（part-time jobs）について講演した後，質疑応答の時間がとられています。司会（moderator）が聴衆からの質問を受け付けています。Susan と David が発言します。

問1　四人のうち，学生のアルバイトに反対の立場で意見を述べている人を，四つの選択肢 (①〜④) のうちから**すべて選びなさい。** | 36 |

① David
② Moderator
③ Professor Wilson
④ Susan

問2 Professor Wilson の意見を支持する図を，四つの選択肢 (①〜④) のうちから一つ選びなさい。 37

①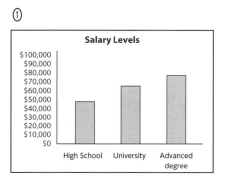

Salary Levels

$100,000
$90,000
$80,000
$70,000
$60,000
$50,000
$40,000
$30,000
$20,000
$10,000
$0

High School   University   Advanced degree

②

TYPES OF JOBS

Professional

Manual

Customer service

Administrative

③

Work Hours and Grades

High

Grades

Low

0 hours   1-10 hours 10-20 hours More than 10-20 hours (Per week)

Work Hours

④

Labor Laws

1967
Age Discrimination
in Employment Act

1993
Family and Medical
Leave Act

1970
Occupational Safety
and Health Act

2009
Labor Standards Act

これで第6問 B は終わりです。